Delicias de Italia

Un Viaje Culinario a la Tradición Italiana

Martina Ricci

TABLA DE CONTENIDO

Ñoquis De Espinacas Y Patatas 9

Ñoquis de Mariscos con Salsa de Tomate y Aceitunas 13

Ñoquis Verdes en Salsa Rosa 17

Ñoquis De Sémola 20

Albóndigas de pan de Abruzos 22

Crepes Rellenos De Ricotta 26

Timbal de crepes y champiñones de Abruzzese 29

Espaguetis toscanos hechos a mano con salsa de carne 33

Pici con ajo y pan rallado 36

Masa De Pasta De Sémola 38

Cavatelli con ragú 40

Cavatelli con Calamares y Azafrán 42

Cavatelli con Rúcula y Tomate 45

Orecchiette con ragú de cerdo 47

Orecchiette con brócoli rabe 49

Orecchiette con coliflor y tomates 51

Orecchiette con salchicha y repollo 53

Orecchiette con Pez Espada 55

Risotto Blanco 64

Risotto al azafrán, estilo Milán 67

risotto de esparragos 70

Risotto con Pimientos Rojos 73

Risotto de tomate y rúcula 76

Risotto con vino tinto y achicoria 79

Risotto con Cremoso de Coliflor 83

Risotto de limón 86

Risotto de espinacas 89

Risotto de calabaza dorada 92

Risotto veneciano con guisantes 95

Risotto de primavera 97

Risotto con tomates y fontina 100

Risotto de camarones y apio 103

Risotto con "Frutas del Mar" 107

Risotto "Mar y Montaña" 110

Risotto negro 113

Panqueque crujiente con risotto 117

Granizado de mandarina 120

Granizado De Vino De Fresa 122

Granizado de café 124

Granizado de cítricos y campari 126

Granizado de melocotón blanco y prosecco 128

Sorbete de chocolate 130

Granizado de limón y prosecco 132

Granizado de Prosecco rosa 134

Helado de "crema" 136

Helado De Limón 138

Helado de ricota 139

Pierna de Cordero con Limón, Hierbas y Ajo 144

Calabacín Relleno De Cordero Estofado 146

Conejo al Vino Blanco y Hierbas 148

Conejo con Aceitunas 151

Conejo, Estilo Porchetta 153

Conejo con Tomates 156

Conejo estofado agridulce 158

Conejo Asado con Patatas 161

Alcachofas Marinadas 163

Alcachofas a la romana 165

Alcachofas Estofadas 167

Alcachofas al estilo judío 169

Guiso de verduras de primavera romana 171

Corazones de alcachofa crujientes 173

Alcachofas rellenas 175

Alcachofas Rellenas Al Estilo Siciliano 177

Espárragos "en la sartén" 180

Espárragos con Aceite y Vinagre 182

Espárragos con Mantequilla de Limón 184

Espárragos con Varias Salsas 186

Espárragos con aderezo de alcaparras y huevo 188

Espárragos con parmesano y mantequilla 190

Paquetes de espárragos y prosciutto 192

Espárragos Asados 194

Espárragos en Zabaglione 196

Espárragos con Taleggio y Piñones 198

Timbales de espárragos 200

Frijoles Campestres 202

Frijoles Toscanos 204

Ensalada De Frijoles 207

Frijoles y repollo 209

Frijoles En Salsa De Tomate Y Salvia 211

Guiso de garbanzos 213

Habas con verduras amargas 215

Habas frescas, estilo romano 217

Habas frescas al estilo de Umbría 219

Ñoquis De Espinacas Y Patatas

Ñoquis de patata y espinacas

Rinde 6 porciones

Aunque no se hace a menudo en Italia, a veces me gusta servir ñoquis con un guiso o un asado. Absorben muy bien la salsa y son un buen cambio del puré de patatas o la polenta. Prueba estos ñoquis (sin salsa ni queso) como acompañamiento de<u>Estofado de Rabo de Toro a la Romana</u>o<u>Estofado de ternera al estilo Friuli</u>.

11⁄2 libras de papas para hornear

1 bolsa (10 onzas) de espinacas, recortadas

Sal

2 tazas de harina para todo uso, y más para darle forma a los ñoquis

1 huevo grande, batido

1/2 taza<u>Salsa De Mantequilla Y Salvia</u>

1 taza de Parmigiano-Reggiano recién rallado

1. Coloca las patatas en una olla grande con agua fría para cubrir. Tapar la olla y llevar a fuego lento. Cocine hasta que las patatas estén tiernas al pincharlas con un cuchillo, unos 20 minutos.

2. Coloca las espinacas en una olla grande con 1/2 taza de agua y sal al gusto. Cubra y cocine hasta que las espinacas estén tiernas, aproximadamente de 2 a 3 minutos. Escurrir las espinacas y dejar enfriar. Coloca las espinacas en una toalla y exprime el líquido. Picar muy finamente las espinacas.

3. Mientras las patatas aún estén calientes, pélalas y córtalas en trozos. Triture las patatas utilizando los agujeros más pequeños de un pasapurés o pasapurés, o a mano con un machacador de patatas. Agrega las espinacas, el huevo y 2 cucharaditas de sal. Agregue 1 1/2 tazas de harina hasta que se mezclen. La masa quedará dura.

4. Raspa las patatas sobre una superficie enharinada. Amasar brevemente, agregando tanta harina restante como sea necesaria para hacer una masa suave, suficiente para que los ñoquis mantengan su forma cuando estén cocidos, pero no tanto como para que se vuelvan pesados. La masa debe quedar ligeramente pegajosa. Si tienes dudas, pon a hervir agua en una cacerola pequeña y echa un trozo de masa a modo de prueba. Cocine hasta que el gnocco suba a la superficie. Si la masa

comienza a desmoronarse, agrega más harina. Por lo demás la masa queda bien.

5. Deja la masa a un lado por un momento. Raspe la tabla para eliminar los restos de masa. Lávate y sécate las manos, luego espolvoréalas con harina. Coloque uno o dos moldes para hornear grandes y espolvoréelos con harina.

6. Cortar la masa en 8 trozos. Manteniendo la masa restante cubierta, enrolle una pieza formando una cuerda larga de aproximadamente ¾ de pulgada de grosor. Corta la cuerda en pepitas de 1/2 pulgada.

7. Para darle forma a la masa, sostenga un tenedor en una mano con las púas apuntando hacia abajo. Con el pulgar de la otra mano, enrolle cada trozo de masa sobre la parte posterior de los dientes, presionando ligeramente para formar crestas en un lado y una hendidura en el otro. Deje caer los ñoquis sobre los moldes preparados. Las piezas no deben tocarse. Repita con la masa restante.

8. Refrigere los ñoquis hasta que estén listos para cocinar. (Los ñoquis también se pueden congelar. Coloque las bandejas para hornear en el congelador durante una hora o hasta que estén firmes. Coloque los ñoquis en una bolsa de plástico grande y

resistente. Congele hasta por un mes. No los descongele antes de cocinarlos).

9. Prepara la salsa. Para cocinar los ñoquis, hierva una olla grande con agua. Agrega sal al gusto. Baja el fuego para que el agua hierva suavemente. Echa aproximadamente la mitad de los ñoquis en el agua. Cocine durante unos 30 segundos después de que los ñoquis suban a la superficie. Retire los ñoquis de la olla con una espumadera y escurra bien los trozos.

10. Tenga listo un tazón poco profundo y calentado para servir. Vierta una fina capa de salsa picante en el bol. Agrega los ñoquis y revuelve suavemente. Cocine los ñoquis restantes de la misma forma. Vierta más salsa y espolvoree con queso. Servir caliente.

Ñoquis de Mariscos con Salsa de Tomate y Aceitunas

Ñoquis de pesca con salsa de oliva

Rinde 6 porciones

En Sicilia, los ñoquis de patata a veces se condimentan con lenguado u otro pescado delicado. Los sirvo con una salsa de tomate ligeramente picante, pero una salsa de mantequilla y hierbas también quedaría deliciosa. No se necesita queso en esta pasta.

1 libra de papas para hornear

¼ taza de aceite de oliva

1 cebolla pequeña, finamente picada

1 diente de ajo

12 onzas de filete de lenguado u otro pescado blanco delicado, cortado en trozos de 2 pulgadas

½ taza de vino blanco seco

Sal y pimienta negra recién molida

1 huevo grande, batido

Aproximadamente 2 tazas de harina para todo uso

Salsa

¼ taza de aceite de oliva

1 cebollino, picado

2 filetes de anchoa

1 cucharada de pasta de aceitunas negras

2 tazas de tomates frescos pelados, sin semillas y picados o tomates italianos importados enlatados, escurridos y picados

2 cucharadas de perejil fresco picado

Sal y pimienta negra recién molida

1. Coloca las patatas en una olla con agua fría hasta cubrir. Llevar a fuego lento y cocinar hasta que esté muy tierno al pincharlo con un cuchillo. Escurrir y dejar enfriar.

2. En una sartén mediana, cocina la cebolla y el ajo en el aceite de oliva durante 5 minutos a fuego medio hasta que la cebolla esté tierna. Agrega el pescado y cocina 1 minuto. Agrega el vino y sal y pimienta al gusto. Cocine hasta que el pescado esté tierno y el líquido se haya evaporado en su mayor parte, aproximadamente

5 minutos. Deje enfriar, luego raspe el contenido de la sartén y viértalo en un procesador de alimentos o licuadora. Haga puré hasta que quede suave.

3. Forre moldes grandes con papel de aluminio o film transparente. Pasar las patatas por un pasapurés o pasapurés a un bol grande. Agrega el puré de pescado y el huevo. Agrega poco a poco la harina y la sal al gusto hasta formar una masa ligeramente pegajosa. Amasar brevemente hasta que quede suave y bien mezclado.

4. Dividir la masa en 6 trozos. Manteniendo la masa restante cubierta, enrolle una pieza formando una cuerda larga de aproximadamente ¾ de pulgada de grosor. Corta la cuerda en pepitas de 1/2 pulgada de largo.

5. Para darle forma a la masa, sostenga un tenedor en una mano con las púas apuntando hacia abajo. Con el pulgar de la otra mano, enrolle cada trozo de masa sobre la parte posterior de los dientes, presionando ligeramente para formar crestas en un lado y una hendidura en el otro. Deje caer los ñoquis sobre los moldes preparados. Las piezas no deben tocarse. Repita con la masa restante.

6. Refrigere los ñoquis hasta que estén listos para cocinar. (Los ñoquis también se pueden congelar. Coloque las bandejas para hornear en el congelador durante una hora o hasta que estén firmes. Coloque los ñoquis en una bolsa de plástico grande y resistente. Congele hasta por 1 mes. No los descongele antes de cocinarlos).

7. Para la salsa, combine el aceite con la cebolleta en una sartén grande. Agrega los filetes de anchoa y cocina hasta que las anchoas se disuelvan, aproximadamente 2 minutos. Agrega la pasta de aceitunas, los tomates y el perejil. Agregue sal y pimienta y cocine hasta que el jugo de tomate se espese un poco, de 8 a 10 minutos. Vierta la mitad de la salsa en un tazón grande y tibio para servir.

8. Prepare los ñoquis: hierva una olla grande con agua. Agrega sal al gusto. Baja el fuego para que el agua hierva suavemente. Echa aproximadamente la mitad de los ñoquis en el agua. Cocine durante unos 30 segundos después de que los ñoquis suban a la superficie. Retire los ñoquis de la olla con una espumadera y escurra bien los trozos. Coloque los ñoquis en el recipiente para servir. Cocine los ñoquis restantes de la misma forma. Agrega la salsa restante y revuelve suavemente. Servir inmediatamente.

Ñoquis Verdes en Salsa Rosa

Ñoquis Verdi en Salsa Rossa

Rinde 6 porciones

La primera vez que comí estas bolas de masa fue en Roma, aunque son más típicas de Emilia-Romaña y Toscana. Son más ligeros que los ñoquis de patata y las verduras picadas les dan una textura superficial, por lo que no es necesario darles forma a las albóndigas con el tenedor. Para variar, intente rociarlos con<u>Salsa De Mantequilla Y Salvia</u>.

3 tazas<u>Salsa Rosa</u>

1 libra de espinacas, sin tallos

1 libra de acelgas, sin tallos

¼ taza de agua

Sal

2 cucharadas de mantequilla sin sal

¼ taza de cebolla finamente picada

1 libra de ricota entera o semidescremada

2 huevos grandes

1 1/2 tazas de Parmigiano-Reggiano recién rallado

1/4 cucharadita de nuez moscada molida

Pimienta negra recién molida

1 1/2 tazas de harina para todo uso

1. Prepara la salsa. Luego, en una olla grande, combine las dos verduras, el agua y la sal al gusto. Cocine durante 5 minutos o hasta que se ablanden y estén tiernos. Escurrir y dejar enfriar. Envuelva las verduras en una toalla y exprímalas para extraer el líquido. Picar finamente.

2. En una sartén mediana, derrita la mantequilla a fuego medio. Agrega la cebolla y cocina, revolviendo frecuentemente, hasta que esté dorada, aproximadamente 10 minutos.

3. En un tazón grande, bata la ricota, los huevos, 1 taza de parmigiano-reggiano, nuez moscada y sal y pimienta al gusto. Agrega la cebolla y las verduras picadas y mezcla bien. Agregue la harina hasta que esté bien mezclada. La masa quedará blanda.

4. Forre las bandejas para hornear con pergamino o papel encerado. Humedece tus manos con agua fría. Saque una

cucharada de la masa. Dale forma ligeramente de bola de 3/4 de pulgada. Coloca la bola en una bandeja para hornear. Repita con la masa restante. Cubra con film transparente y refrigere hasta que esté listo para cocinar.

5. Ponga a hervir al menos 4 litros de agua. Agrega sal al gusto. Baja un poco el fuego. Agrega la mitad de los ñoquis de a poco. Cuando suban a la superficie, cocine 30 segundos más.

6. Vierta la mitad de la salsa picante en una fuente caliente para servir. Retirar los ñoquis con una espumadera y escurrirlos bien. Agréguelos al plato. Tapa y mantén caliente mientras cocinas los ñoquis restantes de la misma manera. Vierta el resto de la salsa y el queso. Servir caliente.

Ñoquis De Sémola

Ñoquis a la romana

Rinde de 4 a 6 porciones

Asegúrate de cocinar completamente la sémola con el líquido. Si está poco cocido, tiende a derretirse formando una masa en lugar de mantener su forma cuando se hornea. Pero incluso si eso sucede, seguirá sabiendo delicioso.

2 tazas de leche

2 tazas de agua

1 taza de sémola fina

2 cucharaditas de sal

4 cucharadas de mantequilla sin sal

2/3 taza de Parmigiano-Reggiano recién rallado

2 yemas de huevo

1. En una cacerola mediana, calienta la leche y 1 taza de agua a fuego medio hasta que hierva a fuego lento. Mezcle la 1 taza de agua restante y la sémola. Incorpora la mezcla al líquido. Agrega

la sal. Cocine, revolviendo constantemente, hasta que la mezcla hierva. Reduzca el fuego a bajo y cocine, revolviendo bien, durante 20 minutos, o hasta que la mezcla esté muy espesa.

2. Retira la olla del fuego. Agrega 2 cucharadas de mantequilla y la mitad del queso. Incorpora rápidamente las yemas de huevo con un batidor.

3. Humedezca ligeramente una bandeja para hornear. Vierta la sémola sobre la hoja y extiéndala hasta que tenga un espesor de 1/2 pulgada con una espátula de metal. Deje enfriar, luego cubra y enfríe durante una hora o hasta 48 horas.

4. Coloca una rejilla en el centro del horno. Precalienta el horno a 400°F. Unte con mantequilla una fuente para hornear de 13 × 9 × 2 pulgadas.

5. Sumerja una galleta o un cortador de galletas de 11/2 pulgada en agua fría. Corta círculos de sémola y coloca los trozos en la fuente para horno preparada, superponiéndolos ligeramente.

6. Derrita las 2 cucharadas de mantequilla restantes en una cacerola pequeña y rocíelas sobre los ñoquis. Espolvorea con el queso restante. Hornee de 20 a 30 minutos o hasta que estén dorados y burbujeantes. Dejar enfriar 5 minutos antes de servir.

Albóndigas de pan de Abruzos

Polpette di Pane al Sugo

Rinde de 6 a 8 porciones

Cuando visité la bodega Orlandi Contucci Ponno en Abruzzo, disfruté de una degustación de sus excelentes vinos, que incluían variedades blancas Trebbiano d'Abruzzo y tintas Montepulciano d'Abruzzo, así como varias mezclas. Vinos tan buenos como estos merecen buena comida, y nuestro almuerzo no fue decepcionante, especialmente las albóndigas hechas con huevos, queso y pan cocidos a fuego lento en salsa de tomate. Aunque nunca las había comido antes, una pequeña investigación me mostró que estas "albóndigas sin carne" también son populares en otras regiones de Italia como Calabria y Basílicata.

La cocinera de la bodega me dijo que hacía las empanadillas con la mollica del pan, es decir, el interior del pan sin corteza. Yo los hago con el pan entero. Dado que el pan italiano que compro aquí no es tan resistente como el pan italiano, la corteza le da estructura adicional a las albóndigas.

Si planea prepararlos con anticipación, mantenga las albóndigas y la salsa separadas hasta justo antes de servir para que las albóndigas no beban demasiada salsa.

1 barra de pan italiano o francés de 12 onzas, cortada en trozos de 1 pulgada (aproximadamente 8 tazas)

2 tazas de agua fría

3 huevos grandes

½ taza de Pecorino Romano rallado, y más para servir

¼ taza de perejil fresco picado

1 diente de ajo, finamente picado

Aceite vegetal para freír

Salsa

1 cebolla mediana, finamente picada

½ taza de aceite de oliva

2 latas (28 onzas) de tomates italianos pelados importados con su jugo, picados

1 peperoncino pequeño seco, desmenuzado o una pizca de pimiento rojo triturado

Sal

6 hojas de albahaca fresca

1. Corte o parta el pan en pedacitos pequeños o muela el pan en un procesador de alimentos hasta obtener migajas gruesas. Remojar el pan en el agua durante 20 minutos. Exprime el pan para quitar el exceso de agua.

2. En un bol grande batir los huevos, el queso, el perejil y el ajo con una pizca de sal y pimienta al gusto. Agrega el pan desmenuzado y mezcla muy bien. Si la mezcla parece seca, agrega otro huevo. Mezclar bien. Forme bolas con la mezcla del tamaño de una pelota de golf.

3. Vierta suficiente aceite para alcanzar una profundidad de 1/2 pulgada en una sartén grande y pesada. Calienta el aceite a fuego medio hasta que una gota de la mezcla de pan chisporrotee cuando se coloca en el aceite.

4. Agregue las bolas a la sartén y cocine, volteándolas con cuidado, hasta que estén doradas por todos lados, aproximadamente 10 minutos. Escurre las bolas sobre toallas de papel.

5. Para hacer la salsa, en una cacerola grande, cocina la cebolla en aceite de oliva a fuego medio hasta que esté tierna. Agrega los tomates, el peperoncino y sal al gusto. Cocine a fuego lento durante 15 minutos o hasta que espese un poco.

6. Agrega las bolitas de pan y báñalas con la salsa. Cocine a fuego lento 15 minutos más. Espolvorea con la albahaca. Sirva con queso adicional.

Crepes Rellenos De Ricotta

manicotti

Rinde de 6 a 8 porciones

Aunque muchos cocineros usan tubos de pasta para hacer manicotti, esta es la receta familiar napolitana de mi madre, hecha con crepes. Los manicotti terminados son mucho más ligeros que los que se harían con pasta, y algunos cocineros encuentran que los manicotti son más fáciles de hacer con crepes.

    3 tazas<u>Ragú napolitano</u>

crepes

1 taza de harina para todo uso

1 taza de agua

3 huevos

½ cucharadita de sal

Aceite vegetal

Relleno

2 libras de ricota entera o semidescremada

4 onzas de mozzarella fresca, picada o rallada

½ taza de Parmigiano-Reggiano recién rallado

1 huevo grande

2 cucharadas de perejil fresco picado

Pimienta negra recién molida al gusto

Pizca de sal

½ taza de Parmigiano-Reggiano recién rallado

1. Prepara el ragú. Luego, en un tazón grande, mezcle los ingredientes del crepe hasta que quede suave. Cubra y refrigere por 30 minutos o más.

2. Calienta una sartén antiadherente de 6 pulgadas o una sartén para tortillas a fuego medio. Cepille la sartén ligeramente con aceite. Sosteniendo la sartén con una mano, vierta aproximadamente 1/3 de taza de masa para crepes. Inmediatamente levante y gire el molde para cubrir completamente la base con una fina capa de masa. Retire el exceso de masa. Cocine por un minuto o hasta que el borde del crepe se dore y comience a despegarse de la sartén. Con los

dedos, dale la vuelta al crepe y dóralo ligeramente por el otro lado. Cocine 30 segundos más o hasta que se doren.

3. Deslice la crepe cocida en un plato. Repita, haciendo crepes con la masa restante y apilándolos uno encima del otro.

4. Para hacer el relleno, mezcle todos los ingredientes en un tazón grande hasta que estén combinados.

5. Coloque una capa fina de salsa en una fuente para hornear de 13 × 9 × 2 pulgadas. Para rellenar los crepes, coloque aproximadamente 1/4 taza del relleno a lo largo de un lado del crepe. Enrolle el crepe formando un cilindro y colóquelo en la fuente para hornear con la unión hacia abajo. Continúe rellenando y enrollando los crepes restantes, colocándolos muy juntos. Vierta salsa adicional. Espolvorea con queso.

6. Coloca una rejilla en el centro del horno. Precalienta el horno a 350°F. Hornee de 30 a 45 minutos o hasta que la salsa burbujee y los manicotti estén completamente calientes. Servir caliente.

Timbal de crepes y champiñones de Abruzzese

Timballo di Scrippelle

Rinde 8 porciones

Una amiga cuya abuela era de Teramo, en la región de Abruzzo, solía recordar la deliciosa cazuela de crepes con capas de champiñones y queso que su abuela preparaba para las vacaciones. Aquí tenéis una versión de ese plato que adapté del libro Ricette di Osterie d'Italia, de Slow Food Editore. Según el libro, los crepes descienden de las elaboradas preparaciones de crepes introducidas por los cocineros franceses en la región en el siglo XVII.

2 1/2 tazas Salsa De Tomate Toscana

crepes

5 huevos grandes

1 1/2 tazas de agua

1 cucharadita de sal

1 1/2 tazas de harina para todo uso

Aceite vegetal para freír

Relleno

1 taza de champiñones secos

1 taza de agua tibia

¼ taza de aceite de oliva

1 libra de champiñones blancos frescos, enjuagados y cortados en rodajas gruesas

1 diente de ajo, finamente picado

2 cucharadas de perejil fresco de hoja plana

Sal y pimienta negra recién molida

12 onzas de mozzarella fresca, cortada y cortada en trozos de 1 pulgada

1 taza de Parmigiano-Reggiano recién rallado

1. Prepara la salsa de tomate. En un tazón grande, mezcle los ingredientes del crepe hasta que quede suave. Cubra y refrigere por 30 minutos o más.

2. Calienta una sartén antiadherente de 6 pulgadas o una sartén para tortillas a fuego medio. Cepille la sartén ligeramente con aceite. Sosteniendo la sartén con una mano, vierta aproximadamente 1/3 de taza de masa para crepes.

Inmediatamente levante y gire el molde para cubrir completamente la base con una fina capa de masa. Retire el exceso de masa. Cocine durante 1 minuto o hasta que el borde del crepe se dore y comience a despegarse de la sartén. Con los dedos, dale la vuelta al crepe y dóralo ligeramente por el otro lado. Cocine 30 segundos más o hasta que se doren.

3. Deslice la crepe cocida en un plato. Repita haciendo crepes con la masa restante, apilándolos uno encima del otro.

4. Para hacer el relleno, remoja los champiñones secos en agua durante 30 minutos. Retirar los champiñones y reservar el líquido. Enjuague los champiñones con agua corriente fría para eliminar la arena, prestando especial atención a los extremos de los tallos donde se acumula la tierra. Picar los champiñones en trozos grandes. Cuela el líquido de los champiñones a través de un filtro de café de papel y viértelo en un bol.

5. En una sartén grande, calienta el aceite. Agrega los champiñones. Cocine, revolviendo con frecuencia, hasta que los champiñones se doren, 10 minutos. Agrega el ajo, el perejil y sal y pimienta al gusto. Cocine hasta que el ajo esté dorado, unos 2 minutos más. Agrega los champiñones secos y su líquido. Cocine 5 minutos o hasta que la mayor parte del líquido se haya evaporado.

6. Coloca una rejilla en el centro del horno. Precalienta el horno a 375°F. En una fuente para hornear de 13 × 9 × 2 pulgadas, vierta una capa fina de salsa de tomate. Haz una capa de crepes, superponiéndolas ligeramente. Continúe con una capa de champiñones, mozzarella, salsa y queso. Repita las capas, terminando con las crepes, la salsa y el queso rallado.

7. Hornee de 45 a 60 minutos o hasta que la salsa burbujee. Dejar reposar 10 minutos antes de servir. Cortar en cuadritos y servir caliente.

Espaguetis toscanos hechos a mano con salsa de carne

Pici al ragú

Rinde 6 porciones

Las hebras masticables de pasta hecha a mano son populares en la Toscana y partes de Umbría, generalmente salsadas con un ragú de carne. La pasta se llama pici o pinci y deriva de la palabra appicciata, que significa "alargada a mano".

Aprendí a hacerlos en Montefollonico en un restaurante llamado La Chiusa, donde el cocinero viene a cada mesa y les da a los comensales una pequeña demostración de cómo hacerlos. Son muy fáciles de hacer, aunque requieren mucho tiempo.

3 tazas de harina para todo uso sin blanquear, y más para darle forma a la masa

Sal

1 cucharada de aceite de oliva

Aproximadamente 1 taza de agua

6 tazas <u>Salsa De Carne Toscana</u>

½ taza de Parmigiano-Reggiano recién rallado

1. Coloque la harina y 1/4 cucharadita de sal en un tazón grande y revuelva para mezclar. Vierta el aceite de oliva en el centro. Comience a revolver la mezcla mientras agrega lentamente el agua, deteniéndose cuando la masa comience a unirse y formar una bola. Retire la masa a una superficie ligeramente enharinada y amásela hasta que quede suave y elástica, aproximadamente 10 minutos.

2. Forma la masa en una bola. Cubrir con un bol volcado y dejar reposar 30 minutos.

3. Espolvorea una fuente para hornear grande con harina. Divida la masa en cuartos. Trabaja con un cuarto de la masa a la vez mientras mantienes el resto cubierto. Pellizque trozos pequeños del tamaño de una avellana.

4. Sobre una superficie ligeramente enharinada y con las manos extendidas, extienda cada trozo de masa para formar hebras finas de aproximadamente 1/8 de pulgada de grosor. Coloque las hebras en la bandeja para hornear preparada con algo de espacio entre ellas. Repita con la masa restante. Deje que la pasta se seque descubierta durante aproximadamente 1 hora.

5.Mientras tanto, prepara la salsa. Luego, hierva 4 litros de agua en una olla grande. Agrega sal al gusto. Agregue el pici y cocine hasta que esté al dente, tierno pero aún firme al morder. Escurrir y mezclar la pasta con la salsa en un tazón grande caliente. Espolvorea con el queso y revuelve nuevamente. Servir caliente.

Pici con ajo y pan rallado

Pici con le Briciole

Rinde de 4 a 6 porciones

Este plato es de La Fattoria, un pintoresco restaurante junto al lago cerca de la ciudad etrusca de Chiusi.

1 libra [Espaguetis toscanos hechos a mano con salsa de carne](), pasos 1 a 6

½ taza de aceite de oliva

4 dientes de ajo grandes

½ taza de pan rallado fino y seco

½ taza de pecorino romano recién rallado

1. Prepara la pasta. En una sartén lo suficientemente grande como para contener toda la pasta, calienta el aceite a fuego medio-bajo. Tritura ligeramente los dientes de ajo y añádelos a la sartén. Cocine hasta que el ajo esté dorado, unos 5 minutos. No dejes que se dore. Retire el ajo de la sartén y agregue el pan rallado. Cocine, revolviendo con frecuencia, hasta que las migas se doren, aproximadamente 5 minutos.

2. Mientras tanto, hierva al menos 4 litros de agua. Agrega la pasta y 2 cucharadas de sal. Revuelva bien. Cocine a fuego alto, revolviendo frecuentemente, hasta que la pasta esté al dente, tierna pero firme al morder. Escurrir la pasta.

3. Agrega la pasta a la sartén con las migas y revuelve bien a fuego medio. Espolvorea con el queso y revuelve nuevamente. Servir inmediatamente.

Masa De Pasta De Sémola

Rinde alrededor de 1 libra

La harina de sémola elaborada con trigo duro duro se utiliza para elaborar varios tipos de pasta fresca en el sur de Italia, especialmente en Apulia, Calabria y Basílicata. Cuando se cocinan, estas pastas son masticables y combinan bien con salsas fuertes de carne y verduras. La masa queda muy dura. Se puede amasar a mano, aunque es todo un ejercicio. Prefiero usar un procesador de alimentos o una batidora de alta resistencia para mezclar bien y luego amasarlo brevemente a mano para asegurarme de que la consistencia sea la correcta.

1 1/2 tazas de harina de sémola fina

1 taza de harina para todo uso, y más para espolvorear

1 cucharadita de sal

Aproximadamente 2/3 taza de agua tibia

1. En el tazón de un procesador de alimentos o una batidora de pie, mezcle los ingredientes secos. Agregue gradualmente agua para hacer una masa firme y no pegajosa.

2. Coloca la masa sobre una superficie ligeramente enharinada. Amasar hasta que quede suave, aproximadamente 2 minutos.

3. Cubre la masa con un bol y deja reposar 30 minutos. Espolvoree dos bandejas para hornear grandes con harina.

4. Cortar la masa en 8 trozos. Trabaje una pieza a la vez, manteniendo las piezas restantes cubiertas con un recipiente volcado. Sobre una superficie ligeramente enharinada, enrolle un trozo de masa hasta formar una cuerda larga de aproximadamente 1/2 pulgada de grosor. Forme la masa en cavatelli u orrecchiette, como se describe en la<u>Cavatelli con ragú</u>receta.

Cavatelli con ragú

Cavatelli con ragú

Rinde de 6 a 8 porciones

Las tiendas y catálogos especializados en equipos para hacer pasta suelen vender un dispositivo para hacer cavatelli. Parece una picadora de carne antigua. Lo sujetas a la encimera, insertas una cuerda de masa en un extremo, giras la manivela y los cavatelli cuidadosamente hechos salen por el otro extremo. Hace un trabajo rápido con un lote de esta masa, pero no me molestaría con ella a menos que hiciera cavatelli con frecuencia.

Al darle forma a los cavatelli, trabaje sobre una superficie de madera u otra superficie de textura rugosa. La superficie rugosa sujetará los trozos de masa de pasta, lo que permitirá arrastrarlos con el cuchillo en lugar de deslizarlos como lo harían sobre una encimera lisa y resbaladiza.

Ragú De Salchicha o Salsa De Tomate Siciliana

1 libra Masa De Pasta De Sémola preparado a través del paso 4

Sal

1. Preparar el ragú o la salsa. Tenga listas 2 bandejas para hornear espolvoreadas con harina.

2. Corta la masa en trozos de 1/2 pulgada. Sostenga un cuchillo pequeño con una hoja sin filo y punta redondeada con el dedo índice presionado contra la hoja del cuchillo. Aplana cada trozo de masa, presionándolo y arrastrándolo ligeramente para que la masa se enrolle alrededor de la punta del cuchillo formando una concha.

3. Distribuya los trozos en los moldes preparados. Repita con la masa restante. (Si no va a usar los cavatelli dentro de una hora, coloque los moldes en el congelador. Cuando los trozos estén firmes, colóquelos en una bolsa de plástico y ciérrela herméticamente. No los descongele antes de cocinarlos).

4. Para cocinar, hierva cuatro litros de agua fría a fuego alto. Agrega los cavatelli y 2 cucharadas de sal. Cocine, revolviendo ocasionalmente, hasta que la pasta esté tierna pero aún ligeramente masticable.

5. Escurre los cavatelli y viértelos en un recipiente para servir caliente. Mezcle con la salsa. Servir caliente.

Cavatelli con Calamares y Azafrán

Cavatelli con Sugo di Calamari

Rinde 6 porciones

La textura ligeramente masticable de los calamares complementa la masticabilidad de los cavatelli en esta receta siciliana contemporánea. La salsa adquiere una textura suave y aterciopelada gracias a una mezcla de harina y aceite de oliva y un bonito color amarillo gracias al azafrán.

1 cucharadita de hebras de azafrán

2 cucharadas de agua tibia

1 cebolla mediana, finamente picada

2 dientes de ajo, muy finamente picados

5 cucharadas de aceite de oliva

1 libra limpia<u>calamares</u>(calamares), cortados en aros de 1/2 pulgada

½ taza de vino blanco seco

Sal y pimienta negra recién molida

1 cucharada de harina

1 libra de cavatelli frescos o congelados

¼ taza de perejil fresco picado

Aceite de oliva virgen extra

1. Desmenuza el azafrán en el agua tibia y reserva.

2. En una sartén lo suficientemente grande como para contener toda la pasta, cocina la cebolla y el ajo en 4 cucharadas de aceite a fuego medio hasta que la cebolla esté ligeramente dorada, aproximadamente 10 minutos. Agregue los calamares y cocine, revolviendo, hasta que estén apenas opacos, aproximadamente 2 minutos. Agrega el vino y sal y pimienta al gusto. Llevar a fuego lento y cocinar 1 minuto.

3. Mezcle la 1 cucharada de aceite restante y la harina. Agrega la mezcla a los calamares. Llevar a fuego lento. Agrega la mezcla de azafrán y cocina 5 minutos más.

4. Mientras tanto, hierva al menos 4 litros de agua. Agrega la pasta y 2 cucharadas de sal. Revuelva bien. Cocine a fuego alto, revolviendo frecuentemente, hasta que la pasta esté tierna pero ligeramente cocida. Escurrir la pasta reservando un poco del agua de cocción.

5. Agrega la pasta a la sartén con los calamares. Agrega un poco del agua de cocción reservada si la mezcla parece seca. Agrega el perejil y mezcla bien. Retirar del fuego y rociar con un poco de aceite de oliva virgen extra. Servir inmediatamente.

Cavatelli con Rúcula y Tomate

Cavatelli con Rughetta y Pomodori

Rinde de 4 a 6 porciones

La rúcula es mejor conocida como ensalada verde, pero en Puglia a menudo se cocina o, como en esta receta, se agrega a sopas calientes o platos de pasta en el último minuto para que se marchite. Me encanta el sabor picante a nuez que agrega.

¼ taza de aceite de oliva

2 dientes de ajo, finamente picados

2 libras de tomates ciruela maduros, pelados, sin semillas y picados, o 1 lata (28 onzas) de tomates italianos pelados importados con su jugo

Sal y pimienta negra recién molida

1 libra de cavatelli frescos o congelados

½ taza de ricotta salata o pecorino romano rallado

1 manojo grande de rúcula, recortada y cortada en trozos pequeños (aproximadamente 2 tazas)

1. En una sartén lo suficientemente grande como para contener todos los ingredientes, cocine el ajo en aceite a fuego medio hasta que esté ligeramente dorado, aproximadamente 2 minutos. Agrega los tomates y sal y pimienta al gusto. Lleve la salsa a fuego lento y cocine hasta que espese, aproximadamente 20 minutos.

2. Ponga a hervir al menos 4 litros de agua. Agrega la pasta y sal al gusto. Revuelva bien. Cocine a fuego alto, revolviendo frecuentemente, hasta que la pasta esté tierna. Escurrir la pasta reservando un poco del agua de cocción.

3. Agrega la pasta a la salsa de tomate con la mitad del queso. Agrega la rúcula y revuelve bien. Agrega un poco del agua de cocción reservada si la pasta parece demasiado seca. Espolvorea con el queso restante y sirve inmediatamente.

Orecchiette con ragú de cerdo

Orecchiette con ragú de Maiale

Rinde de 6 a 8 porciones

Mi amiga Dora Marzovilla viene de Rutigliano, cerca de Bari. Ella es una experta en hacer pasta y he aprendido mucho observándola. Dora tiene una tabla para pasta de madera especial que se utiliza sólo para hacer pasta. Aunque Dora prepara muchos tipos de pasta fresca, como ñoquis, cavatelli, ravioles y maloreddus (ñoquis sardos con azafrán) para el restaurante de su familia en la ciudad de Nueva York, I Trulli, las orecchiette son su especialidad.

Hacer orecchiette es muy similar a hacer cavatelli. La mayor diferencia es que la cáscara de la pasta tiene una forma de cúpula más abierta, algo así como un frisbee volcado o, en la imaginativa imaginación italiana, orejitas, de ahí su nombre.

>1 recetaMasa De Sémola

>3 tazasRagú De Cerdo Con Hierbas Frescas

½ taza de pecorino romano recién rallado

1. Preparar el ragú y la masa. Tenga listas 2 bandejas para hornear grandes espolvoreadas con harina. Corta la masa en trozos de

1/2 pulgada. Sostenga un cuchillo pequeño con una hoja sin filo y punta redondeada con el dedo índice presionado contra la hoja del cuchillo. Aplana cada trozo de masa con la punta del cuchillo, presionándolo y arrastrándolo ligeramente para que la masa forme un disco. Invierte cada disco sobre la punta de tu pulgar creando una forma de cúpula.

2. Distribuya los trozos en los moldes preparados. Repita con la masa restante. (Si no va a usar las orecchiette dentro de 1 hora, coloque los moldes en el congelador. Cuando los trozos estén firmes, colóquelos en una bolsa de plástico y ciérrela herméticamente. No los descongele antes de cocinarlos).

3. Ponga a hervir al menos 4 litros de agua. Agrega la pasta y sal al gusto. Revuelva bien. Cocine a fuego alto, revolviendo con frecuencia, hasta que la pasta esté al dente, tierna pero aún firme al morder. Escurrir la pasta reservando un poco del agua de cocción.

4. Agrega la pasta al ragú. Agrega el queso y revuelve bien, agregando un poco del agua de cocción reservada, si la salsa parece demasiado espesa. Servir inmediatamente.

Orecchiette con brócoli rabe

Orecchiette con Cime di Rape

Rinde de 4 a 6 porciones

Este es prácticamente el plato oficial de Puglia y en ningún lugar lo encontrarás más delicioso. Requiere brócoli rabe, a veces llamado rapini, aunque también se pueden usar hojas de nabo, mostaza, col rizada o brócoli normal. El brócoli rabe tiene tallos y hojas largos y un agradable sabor amargo, aunque hervirlo controla parte del amargor y lo vuelve tierno.

1 manojo de brócoli rabe (aproximadamente 1 1/2 libras), cortado en trozos de 1 pulgada

Sal

1/3 taza de aceite de oliva

4 dientes de ajo

8 filetes de anchoas

Una pizca de pimiento rojo triturado

1 libra de orecchiette o cavatelli frescos

1. Traiga una olla grande con agua a hervir. Agrega el brócoli rabe y sal al gusto. Cocine el brócoli rabe durante 5 minutos y luego escúrralo. Aún debería estar firme.

2. Seca la olla. Calienta el aceite con el ajo a fuego medio-bajo. Añade las anchoas y el pimiento rojo. Cuando los ajos estén dorados añadimos el brócoli rabe. Cocine, revolviendo bien para cubrir el brócoli con el aceite, hasta que esté muy tierno, aproximadamente 5 minutos.

3. Ponga a hervir al menos 4 litros de agua. Agrega la pasta y sal al gusto. Revuelva bien. Cocine a fuego alto, revolviendo con frecuencia, hasta que la pasta esté al dente, tierna pero aún firme al morder. Escurrir la pasta reservando un poco del agua de cocción.

4. Agrega la pasta al brócoli rabe. Cocine, revolviendo, durante 1 minuto o hasta que la pasta esté bien mezclada. Añade un poco del agua de cocción si es necesario.

Variación: Eliminar las anchoas. Sirva la pasta espolvoreada con almendras tostadas picadas o Pecorino Romano rallado.

Variación: Eliminar las anchoas. Retire la tripa de 2 salchichas italianas. Picar la carne y cocinarla con el ajo, el pimiento picante y el brócoli rabe. Sirva espolvoreado con Pecorino Romano.

Orecchiette con coliflor y tomates

Orecchiette con Cavolfiore y Pomodori

Rinde de 4 a 6 porciones

Un pariente siciliano me enseñó a hacer esta pasta, pero también se come en Puglia. Si lo prefieres, sustituye el pan rallado tostado por queso rallado.

⅓ taza más 2 cucharadas de aceite de oliva

1 diente de ajo, finamente picado

3 libras de tomates pera, pelados, sin semillas y picados o 1 lata (28 onzas) de tomates italianos pelados importados, con su jugo, picados

1 coliflor mediana, pelada y cortada en floretes

Sal y pimienta negra recién molida

3 cucharadas de pan rallado seco

2 anchoas, picadas (opcional)

1 libra de orecchiette frescas

1. En una sartén lo suficientemente grande como para contener todos los ingredientes, cocina el ajo en 1/3 taza de aceite de

oliva a fuego medio hasta que esté dorado. Agrega los tomates y sal y pimienta al gusto. Llevar a fuego lento y cocinar 10 minutos.

2. Agrega la coliflor. Tape y cocine, revolviendo ocasionalmente, hasta que la coliflor esté muy tierna, aproximadamente 25 minutos. Tritura un poco de coliflor con el dorso de una cuchara.

3. En una sartén pequeña, calienta las 2 cucharadas restantes de aceite a fuego medio. Agrega el pan rallado y las anchoas, si las usas. Cocine, revolviendo hasta que las migas se tuesten y se absorba el aceite.

4. Ponga a hervir al menos 4 litros de agua. Agrega la pasta y sal al gusto. Cocine, revolviendo con frecuencia, hasta que la pasta esté al dente, tierna pero aún firme al morder. Escurrir la pasta reservando un poco del agua de cocción.

5. Mezcla la pasta con la salsa de tomate y coliflor. Agrega un poco del agua de cocción si es necesario. Espolvorea con pan rallado y sirve inmediatamente.

Orecchiette con salchicha y repollo

Orecchiette con Salsiccia y Cavolo

Rinde 6 porciones

Cuando mi amiga Domenica Marzovilla regresó de un viaje a la Toscana, me describió esta pasta que había comido en casa de una amiga. Sonaba tan simple y bueno que fui a casa y lo preparé.

2 cucharadas de aceite de oliva

8 onzas de salchichas dulces de cerdo

8 onzas de salchichas de cerdo calientes

2 tazas de tomates italianos importados enlatados, escurridos y picados

Sal

1 libra de col rizada (aproximadamente 1/2 cabeza mediana)

1 libra de orecchiette o cavatelli frescos

1. En una cacerola mediana, calienta el aceite a fuego medio. Agregue las salchichas y cocine hasta que se doren por todos lados, aproximadamente 10 minutos.

2. Añade los tomates y una pizca de sal. Llevar a fuego lento y cocinar hasta que la salsa espese, aproximadamente 30 minutos.

3. Corta el corazón del repollo. Cortar la col en tiras finas.

4. Traiga una olla grande con agua a hervir. Agrega el repollo y cocina hasta 1 minuto después de que el agua vuelva a hervir. Saque el repollo con una espumadera. Escurrir bien. Reserva el agua de cocción.

5. Retire las salchichas a una tabla de cortar, dejando la salsa en la sartén. Agrega el repollo a la salsa; cocine 15 minutos. Cortar la salchicha en rodajas finas.

6. Vuelve a hervir el agua y cocina la pasta con sal al gusto. Escurrir bien y mezclar con la salchicha y la salsa. Servir caliente.

Orecchiette con Pez Espada

Orecchiette con Pesce Spada

Rinde de 4 a 6 porciones

Si lo prefieres, puedes sustituir el pez espada por atún o tiburón. Salar la berenjena elimina algunos de los jugos amargos y mejora la textura, aunque muchos cocineros consideran que este paso es innecesario. Siempre le pongo sal, pero la elección es tuya. La berenjena se puede cocinar varias horas antes que la pasta. Simplemente recaliéntalo en una bandeja para hornear en un horno a 350 °F durante aproximadamente 10 minutos antes de servir. Esta pasta siciliana es inusual en la cocina italiana porque, aunque la salsa contiene pescado, se termina con queso, lo que aumenta la riqueza.

1 berenjena grande o 2 pequeñas (aproximadamente 1 1/2 libras)

Sal gruesa

Aceite de maíz u otro vegetal para freír.

3 cucharadas de aceite de oliva

1 diente de ajo grande, muy finamente picado

2 cebollas verdes, finamente picadas

8 onzas de filete de pez espada u otro pescado carnoso (aproximadamente 1/2 pulgada de grosor), sin piel y cortado en trozos de 1/2 pulgada

Pimienta negra recién molida al gusto

2 cucharadas de vinagre de vino blanco

2 tazas de tomates frescos pelados, sin semillas y picados o tomates italianos importados enlatados picados con su jugo

1 cucharadita de hojas frescas de orégano picadas o una pizca de orégano seco

1 libra de orecchiette o cavatelli frescos

1/3 taza de pecorino romano recién rallado

1. Corta la berenjena en dados de 1 pulgada. Coloque los trozos en un colador colocado sobre un plato y espolvoree generosamente con sal. Deje reposar de 30 minutos a 1 hora. Enjuague rápidamente los trozos de berenjena. Coloque los trozos sobre toallas de papel y exprímalos hasta que se sequen.

2. En una sartén grande y profunda a fuego medio, caliente aproximadamente 1/2 pulgada de aceite. Para probar el aceite, coloca con cuidado un pequeño trozo de berenjena. Si

chisporrotea y se cocina rápidamente, agregue suficiente berenjena para formar una sola capa. No llene la olla. Cocine, revolviendo ocasionalmente, hasta que la berenjena esté crujiente y dorada, aproximadamente 5 minutos. Retire los trozos con una espumadera. Escurrir bien sobre toallas de papel. Repita con la berenjena restante. Dejar de lado.

3. En una sartén mediana a fuego medio, cocina el aceite de oliva con el ajo y la cebolla de verdeo durante 30 segundos. Agrega el pescado y espolvorea con sal y pimienta. Cocine, revolviendo ocasionalmente, hasta que el pescado ya no esté rosado, aproximadamente 5 minutos. Agrega el vinagre y cocina por 1 minuto. Agrega los tomates y el orégano. Llevar a fuego lento y cocinar durante 15 minutos, o hasta que espese un poco.

4. Mientras tanto, hierva una olla grande con agua fría. Agrega sal al gusto y la pasta. Cocine, revolviendo ocasionalmente, hasta que esté al dente, tierno pero firme al morder. Escurrir bien.

5. En un tazón grande para servir caliente, combine la pasta, la salsa y la berenjena. Mezcle bien. Agrega el queso. Servir caliente.

Arroz, harina de maíz y otros cereales

Entre los muchos tipos de cereales que se cultivan y utilizan en toda Italia, el arroz y la harina de maíz son los más comunes. El farro, el cuscús y la cebada son los favoritos regionales, al igual que las bayas de trigo.

El arroz llegó a Italia por primera vez desde Oriente Medio. Crece especialmente bien en el norte de Italia, especialmente en las regiones de Piamonte y Emilia-Romaña.

Los cocineros italianos son muy específicos sobre el tipo de arroz de grano medio que prefieren, aunque las diferencias entre variedades pueden ser sutiles. Muchos cocineros especificarán una variedad para un risotto de mariscos y otra para un risotto elaborado con verduras. A menudo, las preferencias son regionales o simplemente tradicionales, aunque cada variedad tiene propiedades específicas. El arroz Carnaroli mantiene bien su forma y hace un risotto un poco más cremoso. Vialone Nano cocina más rápido y tiene un sabor más suave. Arborio es el más conocido y está ampliamente disponible, pero el sabor es menos sutil. Es mejor para el risotto elaborado con ingredientes con sabor fuerte.

Cualquiera de estas tres variedades se puede utilizar para las recetas de risotto de este libro.

El maíz es un grano relativamente nuevo en Italia. No fue hasta después de la exploración europea del Nuevo Mundo que el maíz llegó a España y desde allí se extendió por todo el continente. El maíz es fácil y económico de cultivar, por lo que rápidamente se sembró ampliamente. La mayor parte se cultiva para alimentación animal, pero la harina de maíz, tanto blanca como amarilla, se utiliza normalmente para la polenta. Es raro encontrar mazorcas de maíz que se consuman en Italia, excepto en Nápoles, donde los vendedores a veces venden maíz asado como comida callejera. Los romanos a veces agregan trozos de maíz de lata a las ensaladas mixtas, pero es una rareza exótica.

El farro y cereales similares parecidos al trigo son más comunes en el centro y sur de Italia, donde se cultivan. Los italianos consideran al farro una antigua variedad de trigo como un alimento saludable. Es excelente en sopas, ensaladas y otras preparaciones.

La cebada es un grano antiguo que crece bien en las regiones más frías del norte. Los romanos alimentaron a sus ejércitos con cebada y otros cereales. Se cocinaba en una papilla o sopa conocida como puls, probablemente el precursor de la polenta.

Hoy en día, la cebada se encuentra principalmente en el noreste de Italia, cerca de Austria, cocinada como risotto o añadida a la sopa.

El cuscús, elaborado con harina de trigo duro enrollada en bolitas diminutas, es típico del oeste de Sicilia y es un vestigio de la dominación árabe de la región hace siglos. Suele cocinarse con un guiso caldoso de marisco o carne.

ARROZ

El arroz se cultiva en el norte de Italia, en las regiones de Piamonte y Emilia-Romaña, y es un alimento básico que a menudo se come en lugar de pasta o sopa como primer plato. El método clásico para cocinar arroz es el risotto, ¡que es mi idea del arroz en el cielo!

Si nunca lo has hecho antes, la técnica del risotto puede parecerte inusual. Ninguna otra cultura prepara el arroz de la misma manera que lo hacen los italianos, aunque la técnica es similar a hacer pilaf, donde el arroz se saltea y luego se cuece y se absorbe el líquido de cocción. La idea es cocinar el arroz para que suelte su almidón y forme una salsa cremosa. El arroz terminado debe estar tierno, pero aún firme al morderlo, al dente. Los granos habrán absorbido los sabores de los demás ingredientes y quedarán rodeados de un líquido cremoso. Para obtener mejores resultados, el risotto debe comerse inmediatamente después de cocinarlo o puede volverse seco y blando.

El risotto queda mejor cuando se cocina en casa. Pocos restaurantes pueden dedicar a la preparación del risotto tanto tiempo como se necesita, aunque realmente no es mucho tiempo. De hecho, muchas cocinas de restaurantes precocinan parcialmente el arroz y luego lo enfrían. Cuando alguien pide risotto, se recalienta el arroz y se le agrega líquido con los ingredientes aromatizantes necesarios para terminar la cocción.

Una vez que comprendas el procedimiento, hacer risotto es bastante sencillo y se puede adaptar a muchas combinaciones diferentes de ingredientes. El primer paso para hacer risotto es conseguir el tipo de arroz adecuado. El arroz de grano largo, como el que encontramos comúnmente en Estados Unidos, no es apto para hacer risotto porque no tiene el tipo adecuado de almidón. El arroz de grano medio, generalmente vendido como variedades Arborio, Carnaroli o Vialone Nano, tiene un tipo de almidón que se libera de los granos cuando se cocina y se revuelve con caldo u otro líquido. El almidón se une al líquido y se vuelve cremoso.

El arroz de grano medio importado de Italia se encuentra ampliamente disponible en los supermercados. También se cultiva en Estados Unidos y ahora es fácil de encontrar.

También necesitarás un buen caldo de pollo, carne, pescado o verduras. Es preferible hacerlo casero, pero se puede usar caldo enlatado (o en caja). Considero que el caldo comprado en la tienda es demasiado fuerte para usarlo directamente del recipiente y, a menudo, lo diluyo con agua. Recuerde que el caldo envasado, a menos que use una variedad baja en sodio, contiene mucha sal, así que ajuste la sal agregada en consecuencia. Los cubitos de caldo son muy salados y tienen un sabor artificial, por eso no los uso.

Risotto Blanco

Risotto en blanco

Rinde 4 porciones

Este risotto blanco es tan básico y satisfactorio como el helado de vainilla. Sírvelo tal cual como primer plato o como guarnición con carnes estofadas. Si tiene una trufa fresca, intente afeitarla sobre el risotto terminado para darle un toque lujoso. En ese caso, deberás eliminar el queso.

4 tazas <u>Caldo de carne</u> o <u>Caldo de pollo</u>

4 cucharadas de mantequilla sin sal

1 cucharada de aceite de oliva

¼ taza de chalotas o cebolla picada

1½ tazas de arroz de grano mediano, como Arborio, Carnaroli o Vialone Nano

½ taza de vino blanco seco o vino espumoso

Sal y pimienta negra recién molida

½ taza de Parmigiano-Reggiano recién rallado

1. Prepara el caldo, si es necesario. Lleve el caldo a fuego lento a fuego medio, luego baje el fuego para que mantenga el caldo caliente. En una cacerola ancha y pesada, derrita 3 cucharadas de mantequilla con el aceite a fuego medio. Agregue las chalotas y cocine hasta que se ablanden pero no se doren, aproximadamente 5 minutos.

2. Agrega el arroz y revuelve con una cuchara de madera hasta que esté caliente, aproximadamente 2 minutos. Agrega el vino y cocina, revolviendo, hasta que la mayor parte del líquido se evapore.

3. Vierta 1/2 taza de caldo sobre el arroz. Cocine, revolviendo, hasta que se absorba la mayor parte del líquido. Continúe agregando caldo aproximadamente 1/2 taza a la vez, revolviendo después de cada adición. Ajusta el fuego para que el líquido hierva a fuego lento pero el arroz no se pegue a la sartén. Aproximadamente a la mitad del tiempo de cocción, agregue sal y pimienta al gusto.

4. Use solo la cantidad de caldo necesaria hasta que el arroz esté tierno pero firme al morder y el risotto esté cremoso. Cuando creas que ya está listo, prueba algunos granos. Si no está listo, pruebe nuevamente en aproximadamente un minuto. Si el caldo

se acaba antes de que el arroz esté tierno, utiliza agua caliente. El tiempo de cocción será de 18 a 20 minutos.

5. Retire la sartén para risotto del fuego. Agregue la cucharada restante de mantequilla y queso hasta que se derrita y esté cremoso. Servir inmediatamente.

Risotto al azafrán, estilo Milán

Risotto a la milanesa

Rinde de 4 a 6 porciones

El risotto dorado aromatizado con azafrán es el acompañamiento clásico milanés del Osso Buco (ver<u>Piernas de ternera al estilo Milán</u>). Agregar al risotto tuétano extraído de huesos grandes de res le da un sabor rico y carnoso y es tradicional, pero el risotto se puede preparar sin él.

6 tazas<u>Caldo de pollo</u>o<u>Caldo de carne</u>

½ cucharadita de hebras de azafrán desmenuzadas

4 cucharadas de mantequilla sin sal

2 cucharadas de tuétano de res (opcional)

2 cucharadas de aceite de oliva

1 cebolla pequeña, muy finamente picada

2 tazas (aproximadamente 1 libra) de arroz de grano mediano, como Arborio, Carnaroli o Vialone Nano

Sal y pimienta negra recién molida

½ taza de Parmigiano-Reggiano recién rallado

1. Prepara el caldo, si es necesario. Lleve el caldo a fuego lento a fuego medio, luego baje el fuego para mantener el caldo caliente. Retire 1/2 taza de caldo y póngalo en un tazón pequeño. Añade el azafrán y déjalo en remojo.

2. En una cacerola ancha y pesada, caliente 2 cucharadas de mantequilla, el tuétano si se usa y el aceite a fuego medio. Cuando la mantequilla se derrita, agregue la cebolla y cocine, revolviendo con frecuencia, hasta que esté dorada, aproximadamente 10 minutos.

3. Agrega el arroz y cocina, revolviendo con una cuchara de madera, hasta que esté caliente, aproximadamente 2 minutos. Agrega 1/2 taza de caldo caliente y revuelve hasta que se absorba el líquido. Continúe agregando el caldo 1/2 taza a la vez, revolviendo después de cada adición. Ajusta el fuego para que el líquido hierva a fuego lento pero el arroz no se pegue a la sartén. Aproximadamente a la mitad del tiempo de cocción, agregue la mezcla de azafrán y sal y pimienta al gusto.

4. Use solo la cantidad de caldo necesaria hasta que el arroz esté tierno pero firme al morder. Cuando creas que ya está listo, prueba algunos granos. Si no está listo, pruebe nuevamente en

aproximadamente un minuto. Si el caldo se acaba antes de que el arroz esté tierno, utiliza agua caliente. El tiempo de cocción será de 18 a 20 minutos.

5. Retire la sartén para risotto del fuego y agregue las 2 cucharadas restantes de mantequilla y el queso hasta que se derrita y esté cremoso. Servir inmediatamente.

risotto de esparragos

Risotto con espárragos

Rinde 6 porciones

La región del Véneto es famosa por sus hermosos espárragos blancos con puntas de lavanda. Para conseguir el color delicado, los espárragos se mantienen tapados a medida que crecen para que no queden expuestos a la luz solar y no formen clorofila. Los espárragos blancos tienen un sabor delicado y son más tiernos que la variedad verde. Los espárragos blancos son ideales para este risotto, pero puedes hacerlo con la variedad verde normal y el sabor seguirá siendo muy bueno.

5 tazas <u>Caldo de pollo</u>

1 libra de espárragos frescos, recortados

4 cucharadas de mantequilla sin sal

1 cebolla pequeña, finamente picada

2 tazas de arroz de grano mediano, como Arborio, Carnaroli o Vialone Nano

½ taza de vino blanco seco

Sal y pimienta negra recién molida

¾ taza de Parmigiano-Reggiano recién rallado

1. Prepara el caldo, si es necesario. Lleve el caldo a fuego lento a fuego medio, luego baje el fuego para que mantenga el caldo caliente. Corta las puntas de los espárragos y resérvalas. Corta los tallos en rodajas de 1/2 pulgada.

2. Derrita 3 cucharadas de mantequilla en una cacerola ancha y pesada. Agrega la cebolla y cocina a fuego medio, revolviendo ocasionalmente, hasta que esté muy tierna y dorada, aproximadamente 10 minutos.

3. Agregue los tallos de los espárragos. Cocine, revolviendo ocasionalmente, durante 5 minutos.

4. Agrega el arroz y cocina, revolviendo con una cuchara de madera, hasta que esté caliente, aproximadamente 2 minutos. Agrega el vino y cocina, revolviendo constantemente, hasta que el líquido se evapore. Vierta 1/2 taza de caldo sobre el arroz. Cocine, revolviendo, hasta que se absorba la mayor parte del líquido.

5. Continúe agregando caldo aproximadamente 1/2 taza a la vez, revolviendo después de cada adición. Ajusta el fuego para que el líquido hierva a fuego lento pero el arroz no se pegue a la sartén. Después de unos 10 minutos, agregue las puntas de los

espárragos. Condimentar con sal y pimienta. Use solo la cantidad de caldo necesaria hasta que el arroz esté tierno pero firme al morder y el risotto esté cremoso. Cuando creas que ya está listo, prueba algunos granos. Si no está listo, pruebe nuevamente en aproximadamente un minuto. Si el caldo se acaba antes de que el arroz esté tierno, utiliza agua caliente. El tiempo de cocción será de 18 a 20 minutos.

6. Retire la sartén para risotto del fuego. Agrega el queso y la cucharada de mantequilla restante. Gusto por sazonar. Servir inmediatamente.

Risotto con Pimientos Rojos

Risotto con Peperoni Rossi

Rinde 6 porciones

En el apogeo de la temporada en la que los pimientos rojos brillantes se amontonan en las fruterías, me siento inspirado a usarlos de muchas maneras. Su sabor dulce y suave y su hermoso color hacen que todo, desde tortillas hasta pastas, sopas, ensaladas y guisos, sepa mejor. Esta no es una receta tradicional, sino que se me ocurrió un día mientras buscaba una nueva forma de utilizar algunos pimientos rojos. Los pimientos amarillos o naranjas también quedarían bien en esta receta.

5 tazas Caldo de pollo

3 cucharadas de mantequilla sin sal

1 cucharada de aceite de oliva

1 cebolla pequeña, finamente picada

2 pimientos rojos, sin semillas y finamente picados

2 tazas de arroz de grano mediano, como Arborio, Carnaroli o Vialone Nano

Sal y pimienta negra recién molida

½ taza de Parmigiano-Reggiano recién rallado

1. Prepara el caldo, si es necesario. Lleve el caldo a fuego lento a fuego medio, luego baje el fuego para que mantenga el caldo caliente. En una cacerola ancha y pesada, caliente 2 cucharadas de mantequilla y el aceite a fuego medio. Cuando la mantequilla se derrita, agregue la cebolla y cocine, revolviendo con frecuencia hasta que esté dorada, aproximadamente 10 minutos. Agrega los pimientos y cocina 10 minutos más.

2. Agrega el arroz y revuelve con una cuchara de madera hasta que esté caliente, aproximadamente 2 minutos. Agrega 1/2 taza de caldo caliente y revuelve hasta que se absorba el líquido. Continúe agregando el caldo 1/2 taza a la vez, revolviendo después de cada adición. Ajusta el fuego para que el líquido hierva a fuego lento pero el arroz no se pegue a la sartén. Aproximadamente a mitad de la cocción, agrega sal y pimienta al gusto.

3. Use solo la cantidad de caldo necesaria hasta que el arroz esté tierno pero firme al morder y el risotto esté cremoso. Cuando creas que ya está listo, prueba algunos granos. Si no está listo, pruebe nuevamente en aproximadamente un minuto. Si se acaba el líquido antes de que se cocine el arroz, terminar la cocción con agua caliente. El tiempo de cocción será de 18 a 20 minutos.

4.Retire la sartén para risotto del fuego. Agregue la cucharada restante de mantequilla y el queso hasta que se derrita y esté cremoso. Gusto por sazonar. Servir inmediatamente.

Risotto de tomate y rúcula

Risotto con pomodori y rúcula

Rinde 6 porciones

Los tomates frescos, la albahaca y la rúcula hacen de este risotto la esencia del verano. Me encanta servirlo con un vino blanco fresco, como el Furore de Campania del productor Matilde Cuomo.

5 tazas Caldo de pollo

1 manojo grande de rúcula, cortada y enjuagada

3 cucharadas de aceite de oliva

1 cebolla pequeña, finamente picada

2 libras de tomates pera maduros, pelados, sin semillas y picados

2 tazas de arroz de grano mediano, como Arborio, Carnaroli o Vialone Nano

Sal y pimienta negra recién molida

½ taza de Parmigiano-Reggiano recién rallado

2 cucharadas de albahaca fresca picada

1 cucharada de aceite de oliva virgen extra

1. Prepara el caldo, si es necesario. Lleve el caldo a fuego lento a fuego medio, luego baje el fuego para que mantenga el caldo caliente. Corta las hojas de rúcula en trozos pequeños. Deberías tener unas 2 tazas.

2. Vierta el aceite en una cacerola ancha y pesada. Agrega la cebolla y cocina a fuego medio, revolviendo ocasionalmente con una cuchara de madera, hasta que la cebolla esté muy tierna y dorada, aproximadamente 10 minutos.

3. Agrega los tomates. Cocine, revolviendo ocasionalmente, hasta que la mayor parte del jugo se haya evaporado, aproximadamente 10 minutos.

4. Agrega el arroz y cocina, revolviendo con una cuchara de madera, hasta que esté caliente, aproximadamente 2 minutos. Vierta 1/2 taza de caldo sobre el arroz. Cocine y revuelva hasta que se absorba la mayor parte del líquido.

5. Continúe agregando caldo aproximadamente 1/2 taza a la vez, revolviendo después de cada adición. Ajusta el fuego para que el líquido hierva a fuego lento pero el arroz no se pegue a la sartén. A mitad de cocción sazonar con sal y pimienta. Use solo la cantidad de caldo necesaria hasta que el arroz esté tierno pero firme al morder y el risotto esté cremoso. Cuando creas que ya

está listo, prueba algunos granos. Si no está listo, pruebe nuevamente en aproximadamente un minuto. Si el caldo se acaba antes de que el arroz esté tierno, utiliza agua caliente. El tiempo de cocción será de 18 a 20 minutos.

6.Retire la sartén para risotto del fuego. Agrega el queso, la albahaca y una cucharada de aceite de oliva virgen extra. Gusto por sazonar. Agrega la rúcula y sirve inmediatamente.

Risotto con vino tinto y achicoria

Risotto con achicoria

Rinde 6 porciones

La achicoria, un miembro de la familia de las achicorias, se cultiva en el Véneto. Al igual que la escarola, con la que está relacionada, la achicoria tiene un sabor ligeramente amargo pero dulce. Aunque lo consideramos principalmente como una adición colorida a una ensaladera, los italianos suelen cocinar achicoria. Se puede cortar en gajos y asar a la parrilla, o se pueden envolver las hojas alrededor de un relleno y hornear como aperitivo. El vibrante color rojo vino se vuelve marrón caoba oscuro cuando se cocina. Comí este risotto en Il Cenacolo, un restaurante en Verona que ofrece recetas tradicionales.

    5 tazasCaldo de pollooCaldo de carne

1 achicoria de cabeza mediana (aproximadamente 12 onzas)

2 cucharadas de aceite de oliva

2 cucharadas de mantequilla sin sal

1 cebolla pequeña, finamente picada

½ taza de vino tinto seco

2 tazas de arroz de grano mediano, como Arborio, Carnaroli o Vialone Nano

Sal y pimienta negra recién molida

½ taza de Parmigiano-Reggiano recién rallado

1. Prepara el caldo, si es necesario. Lleve el caldo a fuego lento a fuego medio, luego baje el fuego para que mantenga el caldo caliente. Recorta la achicoria y córtala en rodajas de 1/2 pulgada de grosor. Corta las rodajas en trozos de 1 pulgada.

2. En una cacerola ancha y pesada, caliente el aceite con 1 cucharada de mantequilla a fuego medio. Cuando la mantequilla se derrita, agrega la cebolla y cocina, revolviendo ocasionalmente, hasta que la cebolla esté muy tierna, aproximadamente 10 minutos.

3. Eleve el fuego a medio, agregue la achicoria y cocine hasta que se ablande, aproximadamente 10 minutos.

4. Agrega el arroz. Agregue el vino y cocine, revolviendo, hasta que se absorba la mayor parte del líquido. Vierta 1/2 taza de caldo sobre el arroz. Cocine y revuelva hasta que se absorba la mayor parte del líquido.

5. Continúe agregando caldo aproximadamente 1/2 taza a la vez, revolviendo después de cada adición. Ajusta el fuego para que el

líquido hierva a fuego lento pero el arroz no se pegue a la sartén. A mitad de cocción sazonar con sal y pimienta. Use solo la cantidad de caldo necesaria hasta que el arroz esté tierno pero firme al morder y el risotto esté cremoso. Cuando creas que ya está listo, prueba algunos granos. Si no está listo, pruebe nuevamente en aproximadamente un minuto. Si el caldo se acaba antes de que el arroz esté tierno, utiliza agua caliente. El tiempo de cocción será de 18 a 20 minutos.

6. Retire la cacerola del fuego y agregue la cucharada restante de mantequilla y el queso. Gusto por sazonar. Servir inmediatamente.

Risotto con Cremoso de Coliflor

Risotto al Cavolfiore

Rinde 6 porciones

En Parma, es posible que no comas un aperitivo o un plato principal, pero nunca querrás perder la oportunidad de comer risotto o pasta; Siempre son increíblemente buenos. Esta es mi versión de un risotto que comí hace algunos años en La Filoma, una excelente trattoria.

La primera vez que hice este risotto, tenía a mano un tubo de pasta de trufa blanca y le agregué un poco al final del tiempo de cocción. El sabor fue sensacional. Pruébalo si puedes encontrar pasta de trufa.

4 tazas <u>Caldo de pollo</u>

4 tazas de coliflor, picada en floretes de 1/2 pulgada

1 diente de ajo, finamente picado

1 1/2 tazas de leche

Sal

4 cucharadas de mantequilla sin sal

¼ taza de cebolla finamente picada

2 tazas de arroz de grano mediano, como Arborio, Carnaroli o Vialone Nano

Pimienta negra recién molida

¾ taza de Parmigiano-Reggiano recién rallado

1. Prepara el caldo, si es necesario. Lleve el caldo a fuego lento a fuego medio, luego baje el fuego para que mantenga el caldo caliente. En una cacerola mediana, combine la coliflor, el ajo, la leche y una pizca de sal. Llevar a fuego lento. Cocine hasta que se evapore la mayor parte del líquido y la coliflor esté suave, aproximadamente 10 minutos. Mantén el fuego muy bajo y revuelve la mezcla de vez en cuando para que no se queme.

2. En una cacerola ancha y pesada, calienta el aceite con 2 cucharadas de mantequilla a fuego medio. Cuando la mantequilla se derrita, agrega la cebolla y cocina, revolviendo ocasionalmente, hasta que la cebolla esté muy tierna y dorada, aproximadamente 10 minutos.

3. Agrega el arroz y cocina, revolviendo con una cuchara de madera, hasta que esté caliente, aproximadamente 2 minutos. Vierta aproximadamente 1/2 taza de caldo. Cocine y revuelva hasta que se absorba la mayor parte del líquido.

4. Continúe agregando el caldo 1/2 taza a la vez, revolviendo constantemente, hasta que se absorba. Ajusta el fuego para que el líquido hierva a fuego lento pero el arroz no se pegue a la sartén. Aproximadamente a mitad de la cocción, sazone con sal y pimienta.

5. Cuando el arroz esté casi cocido, agregue la mezcla de coliflor. Use solo la cantidad de caldo necesaria hasta que el arroz esté tierno pero firme al morder y el risotto esté cremoso. Cuando creas que ya está listo, prueba algunos granos. Si no está listo, pruebe nuevamente en aproximadamente un minuto. Si el caldo se acaba antes de que el arroz esté tierno, utiliza agua caliente. El tiempo de cocción será de 18 a 20 minutos.

6. Retire la cacerola del fuego y pruebe para sazonar. Agrega las 2 cucharadas restantes de mantequilla y el queso. Servir inmediatamente.

Risotto de limón

Risotto al limón

Rinde 6 porciones

El vivo sabor de la ralladura y el jugo de limón fresco alegra este risotto que comí en Capri. Aunque los italianos no lo hacen a menudo, a mí me gusta servirlo como guarnición con vieiras salteadas o pescado a la parrilla.

    5 tazas<u>Caldo de pollo</u>

4 cucharadas de mantequilla sin sal

1 cebolla pequeña, finamente picada

2 tazas de arroz de grano mediano, como Arborio, Carnaroli o Vialone Nano

Sal y pimienta negra recién molida

1 cucharada de jugo de limón fresco

1 cucharadita de ralladura de limón

½ taza de Parmigiano-Reggiano recién rallado

1. Prepara el caldo, si es necesario. Lleve el caldo a fuego lento a fuego medio, luego baje el fuego para que mantenga el caldo caliente. En una cacerola ancha y pesada, derrita 2 cucharadas de mantequilla a fuego medio. Agregue la cebolla y cocine, revolviendo con frecuencia, hasta que esté dorada, aproximadamente 10 minutos.

2.Agrega el arroz y revuelve con una cuchara de madera hasta que esté caliente, aproximadamente 2 minutos. Agrega 1/2 taza de caldo caliente y revuelve hasta que se absorba el líquido.

3.Continúe agregando el caldo 1/2 taza a la vez, revolviendo después de cada adición. Ajusta el fuego para que el líquido hierva a fuego lento pero el arroz no se pegue a la sartén. Aproximadamente a la mitad del tiempo de cocción, sazone con sal y pimienta.

4.Use solo la cantidad de caldo necesaria hasta que el arroz esté tierno pero firme al morder y el risotto esté cremoso. Cuando creas que ya está listo, prueba algunos granos. Si no está listo, pruebe nuevamente en aproximadamente un minuto. Si el caldo se acaba antes de que el arroz esté tierno, utiliza agua caliente. El tiempo de cocción será de 18 a 20 minutos.

5.Retire la sartén para risotto del fuego. Agrega el jugo y la ralladura de limón, las 2 cucharadas restantes de mantequilla y el queso. Revuelva hasta que la mantequilla y el queso estén derretidos y cremosos. Gusto por sazonar. Servir inmediatamente.

Risotto de espinacas

Risotto con espinacas

Rinde 6 porciones

Si tienes un poco de albahaca fresca, agrégala en lugar del perejil. Se pueden utilizar otras verduras como acelgas o escarola en lugar de espinacas.

5 tazas <u>Caldo de pollo</u>

1 libra de espinacas frescas, lavadas y sin tallos

1/4 taza de agua

Sal

4 cucharadas de mantequilla sin sal

1 cebolla mediana, finamente picada

2 tazas (aproximadamente 1 libra) de arroz de grano mediano, como Arborio, Carnaroli o Vialone Nano

Pimienta negra recién molida

1/4 taza de perejil fresco picado

½ taza de Parmigiano-Reggiano recién rallado

1. Prepara el caldo, si es necesario. Lleve el caldo a fuego lento a fuego medio, luego baje el fuego para que mantenga el caldo caliente. En una olla grande, combine las espinacas, el agua y la sal al gusto. Cubrir y llevar a fuego lento. Cocine hasta que las espinacas se ablanden, aproximadamente 3 minutos. Escurrir las espinacas y exprimir ligeramente para extraer el jugo. Picar finamente las espinacas.

2. En una cacerola ancha y pesada, caliente 3 cucharadas de mantequilla a fuego medio. Cuando la mantequilla se derrita, agregue la cebolla y cocine, revolviendo con frecuencia, hasta que esté dorada, aproximadamente 10 minutos.

3. Agrega el arroz a la cebolla y cocina, revolviendo con una cuchara de madera, hasta que esté caliente, aproximadamente 2 minutos. Agrega 1/2 taza de caldo caliente y revuelve hasta que se absorba el líquido. Continúe agregando el caldo 1/2 taza a la vez, revolviendo después de cada adición. Ajusta el fuego para que el líquido hierva a fuego lento pero el arroz no se pegue a la sartén. A mitad de la cocción, agregue las espinacas y sal y pimienta al gusto.

4. Use solo la cantidad de caldo necesaria hasta que el arroz esté tierno pero firme al morder y el risotto esté cremoso. Cuando creas que ya está listo, prueba algunos granos. Si no está listo, pruebe nuevamente en aproximadamente un minuto. Si el caldo se acaba antes de que el arroz esté tierno, utiliza agua caliente. El tiempo de cocción será de 18 a 20 minutos.

5. Retire la sartén para risotto del fuego. Agrega la mantequilla restante y el queso. Servir inmediatamente.

Risotto de calabaza dorada

Risotto con Zucca d'Oro

Rinde de 4 a 6 porciones

En los mercados verdes italianos, los cocineros pueden comprar trozos de calabaza de invierno grande para usar en el risotto. La calabaza moscada es la que más se acerca al sabor dulce y la textura mantecosa de las variedades italianas. Este risotto es una especialidad de Mantua en Lombardía.

5 tazas Caldo de pollo

4 cucharadas de mantequilla sin sal

¼ taza de chalotas o cebolla finamente picadas

2 tazas de calabaza pelada y picada (aproximadamente 1 libra)

2 tazas de arroz de grano mediano, como Arborio, Carnaroli o Vialone Nano

½ taza de vino blanco seco

Sal y pimienta negra recién molida

½ taza de Parmigiano-Reggiano recién rallado

1. Prepara el caldo, si es necesario. Lleve el caldo a fuego lento a fuego medio, luego baje el fuego para que mantenga el caldo caliente. En una cacerola ancha y pesada, derrita tres cucharadas de mantequilla a fuego medio. Agregue las chalotas y cocine, revolviendo con frecuencia, hasta que estén doradas, aproximadamente 5 minutos.

2. Agrega la calabaza y 1/2 taza de caldo. Cocine hasta que el caldo se evapore.

3. Agrega el arroz y cocina, revolviendo con una cuchara de madera, hasta que esté caliente, aproximadamente 2 minutos. Agrega el vino hasta que se evapore.

4. Agrega 1/2 taza de caldo caliente y revuelve hasta que se absorba el líquido. Continúe agregando el caldo 1/2 taza a la vez, revolviendo después de cada adición. Ajusta el fuego para que el líquido hierva a fuego lento pero el arroz no se pegue a la sartén. A mitad de la cocción, agrega sal y pimienta al gusto.

5. Use solo la cantidad de caldo necesaria hasta que el arroz esté tierno pero firme al morder y el risotto esté cremoso. Cuando creas que ya está listo, prueba algunos granos. Si no está listo, pruebe nuevamente en aproximadamente un minuto. Si el caldo

se acaba antes de que el arroz esté tierno, utiliza agua caliente. El tiempo de cocción será de 18 a 20 minutos.

6. Retire la sartén para risotto del fuego. Agrega la mantequilla restante y el queso. Servir inmediatamente.

Risotto veneciano con guisantes

Risi y Bisi

Rinde 6 porciones

En Venecia, este risotto se come para celebrar la llegada de la primavera y las primeras verduras frescas de la temporada. Los venecianos prefieren su risotto más bien espeso, así que agregue una cucharada extra de caldo o agua al risotto terminado si busca autenticidad.

6 tazas Caldo de pollo

1 cebolla amarilla mediana, finamente picada

4 cucharadas de aceite de oliva

2 tazas de arroz de grano mediano, como Arborio, Carnaroli o Vialone Nano

Sal y pimienta negra recién molida

2 tazas de guisantes tiernos sin cáscara o guisantes congelados, parcialmente descongelados

2 cucharadas de perejil de hoja plana finamente picado

1/2 taza de Parmigiano-Reggiano recién rallado

2 cucharadas de mantequilla sin sal

1. Prepara el caldo, si es necesario. Lleve el caldo a fuego lento a fuego medio, luego baje el fuego para que mantenga el caldo caliente. Vierta el aceite en una cacerola ancha y pesada. Agrega la cebolla y cocina a fuego medio hasta que esté tierna y dorada, aproximadamente 10 minutos.

2. Agrega el arroz y cocina, revolviendo con una cuchara de madera, hasta que esté caliente, aproximadamente 2 minutos. Agrega aproximadamente 1/2 taza de caldo caliente y revuelve hasta que se absorba. Continúe agregando 1/2 taza de caldo a la vez, revolviendo después de cada adición. Ajusta el fuego para que el líquido hierva a fuego lento pero el arroz no se pegue a la sartén. A mitad de la cocción, agrega sal y pimienta al gusto.

3. Agrega los guisantes y el perejil. Continúe agregando el líquido y revolviendo. El arroz debe estar tierno pero firme al morderlo, y el risotto debe tener una consistencia suelta y algo espesa. Usa agua caliente si te quedas sin caldo. El tiempo de cocción será de 18 a 20 minutos.

4. Cuando el arroz esté tierno pero aún firme, retira la olla del fuego. Agrega el queso y la mantequilla y revuelve bien. Servir inmediatamente.

Risotto de primavera

Risotto Primavera

Rinde de 4 a 6 porciones

Pequeños trozos de vegetales coloridos adornan este brillante y sabroso risotto. Las verduras se añaden por etapas para que no se cocinen demasiado.

6 tazas de caldo de verduras o agua

3 cucharadas de mantequilla sin sal

1 cucharada de aceite de oliva

1 cebolla mediana, finamente picada

1 zanahoria pequeña, picada

1 pequeña costilla tierna de apio, picada

2 tazas de arroz de grano mediano, como Arborio, Carnaroli o Vialone Nano

1/2 taza de guisantes frescos o congelados

1 taza de champiñones rebanados, de cualquier tipo

6 espárragos, recortados y cortados en trozos de 1/2 pulgada

Sal y pimienta negra recién molida

1 tomate grande, sin semillas y cortado en cubitos

2 cucharadas de perejil fresco de hoja plana finamente picado

½ taza de Parmigiano-Reggiano recién rallado

1. Prepara el caldo, si es necesario. Lleve el caldo a fuego lento a fuego medio, luego baje el fuego para que mantenga el caldo caliente. En una cacerola ancha y pesada, combine 2 cucharadas de mantequilla y el aceite a fuego medio. Cuando la mantequilla se haya derretido, agrega la cebolla y cocina hasta que se dore, unos 10 minutos.

2. Agrega la zanahoria y el apio y cocina 2 minutos. Agregue el arroz hasta que esté bien cubierto.

3. Agrega 1/2 taza de caldo y cocina, revolviendo constantemente con una cuchara de madera, hasta que se absorba el líquido. Continúe agregando 1/2 taza de caldo a la vez, revolviendo después de cada adición, durante 10 minutos. Ajusta el fuego para que el líquido hierva a fuego lento pero el arroz no se pegue a la sartén.

4. Agregue los guisantes, los champiñones y la mitad de los espárragos. Añadir sal y pimienta al gusto. Continúe agregando

caldo y revolviendo 10 minutos más. Agregue los espárragos restantes y el tomate. Agregue el caldo y revuelva hasta que el arroz esté firme pero tierno al morder y el risotto esté cremoso. Cuando creas que ya está listo, prueba algunos granos. Si no está listo, pruebe nuevamente en aproximadamente un minuto.

5. Retire la sartén para risotto del fuego. Gusto por sazonar. Agrega el perejil y la mantequilla restante. Agrega el queso. Servir inmediatamente.

Risotto con tomates y fontina

Risotto con pomodori y fontina

Rinde 6 porciones

La genuina Fontina Valle d'Aosta tiene un sabor pronunciado que es a nuez, afrutado y terroso, a diferencia de la fontina elaborada en otros lugares. Vale la pena buscar este risotto del noroeste de Italia. Este plato iría bien con un vino blanco floral como el Arneis, de la cercana región del Piamonte.

5 tazas <u>Caldo de pollo</u>

3 cucharadas de mantequilla sin sal

1 cebolla mediana, finamente picada

1 taza de tomates pelados, sin semillas y picados

2 tazas de arroz de grano mediano, como Arborio, Carnaroli o Vialone Nano

½ taza de vino blanco seco

Sal y pimienta negra recién molida

4 onzas de Fontina Valle d'Aosta, rallada

½ taza de Parmigiano-Reggiano recién rallado

1. Prepara el caldo, si es necesario. Lleve el caldo a fuego lento a fuego medio, luego baje el fuego para que mantenga el caldo caliente. Derrita la mantequilla en una cacerola ancha y pesada a fuego medio. Agrega la cebolla y cocina, revolviendo ocasionalmente, hasta que esté tierna y dorada, aproximadamente 10 minutos.

2. Agrega los tomates. Cocine hasta que la mayor parte del líquido se haya evaporado, aproximadamente 10 minutos.

3. Agrega el arroz y cocina, revolviendo con una cuchara de madera, hasta que esté caliente, aproximadamente 2 minutos. Vierte el vino y 1/2 taza de caldo sobre el arroz. Cocine y revuelva hasta que se absorba la mayor parte del líquido.

4. Continúe agregando caldo aproximadamente 1/2 taza a la vez, revolviendo después de cada adición. Ajusta el fuego para que el líquido hierva a fuego lento pero el arroz no se pegue a la sartén. Aproximadamente a mitad de la cocción, sazona con sal y pimienta al gusto.

5. Use solo la cantidad de caldo necesaria hasta que el arroz esté tierno pero firme al morder y el risotto esté cremoso. Cuando creas que ya está listo, prueba algunos granos. Si no está listo, pruebe nuevamente en aproximadamente un minuto. Si el caldo

se acaba antes de que el arroz esté tierno, utiliza agua caliente. El tiempo de cocción es de 18 a 20 minutos.

6. Retire la sartén para risotto del fuego. Agrega los quesos. Gusto por sazonar. Servir inmediatamente.

Risotto de camarones y apio

Risotto con Gamberi y Sedano

Rinde 6 porciones

Muchas recetas italianas están aromatizadas con un soffritto, una combinación de aceite o mantequilla, o a veces ambos, y vegetales aromáticos, que pueden incluir, entre otros, cebolla, apio, zanahoria, ajo y, a veces, hierbas. A veces se agrega carne de cerdo salada o panceta al soffritto para darle un sabor a carne.

Como la mayoría de los cocineros italianos que conozco, prefiero poner los ingredientes del soffritto en la olla todos de una vez y luego encender el fuego para que todo se caliente y se cocine suavemente y pueda controlar mejor los resultados. Revuelvo el soffritto con frecuencia, a veces cocino hasta que las verduras se ablanden para darle un sabor suave, o hasta que estén doradas para darle más profundidad. Si, en cambio, calientas primero el aceite o la mantequilla, la grasa puede calentarse demasiado si la sartén está fina, el fuego está demasiado alto o si te distraes momentáneamente. Luego, cuando se añaden los demás aromas del sofrito, se dora demasiado rápido y de forma desigual.

El sofrito de esta receta de Emilia-Romaña se elabora en dos etapas. Comienza solo con el aceite de oliva y la cebolla, porque quiero que la cebolla suelte su sabor al aceite y se desvanezca un poco en un segundo plano. La segunda etapa es cocinar el apio, el perejil y el ajo para que el apio quede un poco crujiente y aun así libere su sabor y cree otra capa de sabor con el perejil y el ajo.

Si compra camarones con cáscara, guárdelas para hacer un sabroso caldo de camarones. Si tienes prisa, puedes comprar camarones sin cáscara y utilizar solo el caldo de pollo o pescado, o incluso agua.

6 tazas caserasCaldo de polloo caldo de pescado comprado en la tienda

1 libra de camarones medianos

1 cebolla pequeña, finamente picada

2 cucharadas de aceite de oliva

1 taza de apio finamente picado

2 dientes de ajo, finamente picados

2 cucharadas de perejil fresco picado

2 tazas de arroz de grano mediano, como Arborio, Carnaroli o Vialone Nano

Sal y pimienta negra recién molida al gusto

1 cucharada de mantequilla sin sal o aceite de oliva virgen extra

1. Prepara el caldo, si es necesario. Luego, pela y desvena los camarones, reservando las cáscaras. Corta los camarones en trozos de 1/2 pulgada y reserva. Coloca las cáscaras en una cacerola grande con el caldo. Llevar a fuego lento y cocinar 10 minutos. Cuela el caldo y desecha las cáscaras. Regresar el caldo a la cacerola y mantener a fuego muy lento.

2. En una cacerola ancha y pesada, cocine la cebolla en el aceite a fuego medio, revolviendo con frecuencia, aproximadamente 5 minutos. Agregue el apio, el ajo y el perejil y cocine 5 minutos más.

3. Agregue el arroz a las verduras y revuelva bien para combinar. Agrega 1/2 taza de caldo y cocina, revolviendo, hasta que se absorba el líquido. Continúe agregando el caldo 1/2 taza a la vez, revolviendo después de cada adición. Ajusta el fuego para que el líquido hierva a fuego lento pero el arroz no se pegue a la sartén.

4. Cuando el arroz esté casi cocido, agregue los camarones y sal y pimienta al gusto. Use solo la cantidad de caldo necesaria hasta que el arroz esté tierno pero firme al morder y el risotto esté húmedo y cremoso. Cuando creas que ya está listo, prueba algunos granos. Si no está listo, pruebe nuevamente en

aproximadamente un minuto. Si el caldo se acaba antes de que el arroz esté tierno, utiliza agua caliente. El tiempo de cocción es de 18 a 20 minutos.

5. Retire el risotto del fuego. Agrega la mantequilla o el aceite y revuelve hasta que se mezclen. Servir inmediatamente.

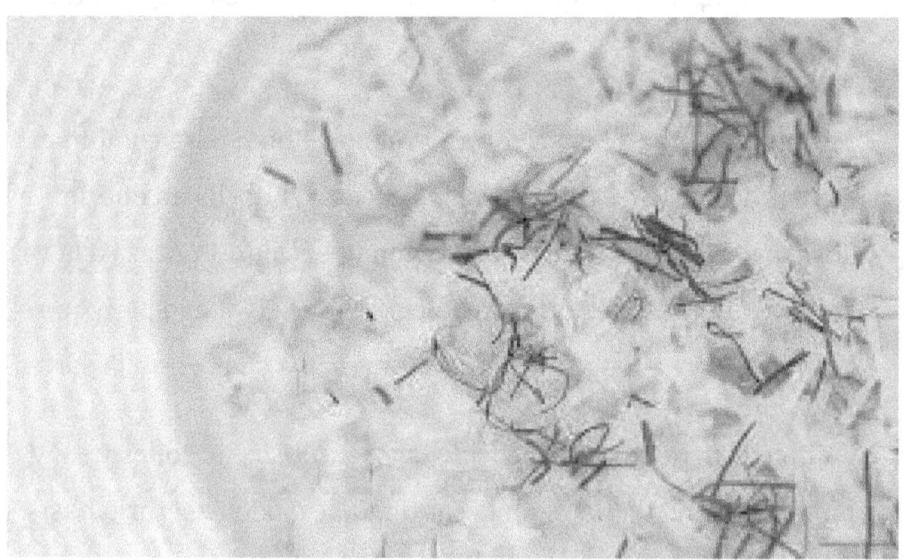

Risotto con "Frutas del Mar"

Risotto con Frutti di Mare

Rinde de 4 a 6 porciones

A este risotto se le pueden añadir diminutas almejas o mejillones, o incluso trocitos de pescado firme como el atún. Los cocineros del Véneto, donde se originó esta receta, prefieren la variedad de arroz Vialone Nano.

6 tazas Caldo de pollo o agua

6 cucharadas de aceite de oliva

2 cucharadas de perejil fresco picado

2 dientes de ajo grandes, finamente picados

½ libra de calamares, cortados en aros de ½ pulgada y tentáculos cortados por la mitad a través de la base (ver Limpieza de calamares)

¼ libra de camarones, pelados, desvenados y cortados en trozos de ½ pulgada

¼ libra de vieiras, cortadas en trozos de ½ pulgada

Sal

Una pizca de pimiento rojo triturado

1 cebolla mediana, finamente picada

2 tazas de arroz de grano mediano, como Arborio, Carnaroli o Vialone Nano

1/2 taza de vino blanco seco

1 taza de tomates pelados, sin semillas y picados

1. Prepara el caldo, si es necesario. Pon 3 cucharadas de aceite con el ajo y el perejil en una cacerola ancha y pesada. Cocine a fuego medio, revolviendo ocasionalmente, hasta que el ajo esté suave y dorado, aproximadamente 2 minutos. Agregue todos los mariscos, sal al gusto y pimiento rojo y cocine, revolviendo hasta que los calamares estén apenas opacos, aproximadamente 5 minutos.

2. Con una espumadera, retira los mariscos a un plato. Agregue el caldo de pollo a la sartén y cocine a fuego lento. Mantén el caldo a fuego muy lento mientras cocinas el risotto.

3. En una cacerola ancha y pesada, a fuego medio, cocine la cebolla en las 3 cucharadas restantes de aceite hasta que esté dorada, aproximadamente 10 minutos.

4. Agrega el arroz y cocina, revolviendo con una cuchara de madera, hasta que esté caliente, aproximadamente 2 minutos. Agrega el vino. Cocine hasta que se absorba la mayor parte del líquido. Agrega 1/2 taza de caldo caliente y revuelve hasta que se absorba el líquido. Continúe agregando el caldo 1/2 taza a la vez, revolviendo después de cada adición. Ajusta el fuego para que el líquido hierva a fuego lento pero el arroz no se pegue a la sartén. Aproximadamente a mitad de la cocción, agregue el tomate y la sal al gusto.

5. Use solo la cantidad de caldo necesaria hasta que el arroz esté tierno pero firme al morder y el risotto esté cremoso. Cuando creas que ya está listo, prueba algunos granos. Si no está listo, pruebe nuevamente en aproximadamente un minuto. Si el caldo se acaba antes de que el arroz esté tierno, utiliza agua caliente. El tiempo de cocción es de 18 a 20 minutos.

6. Agrega los mariscos a la olla y cocina 1 minuto más. Retire la sartén para risotto del fuego. Servir inmediatamente.

Risotto "Mar y Montaña"

Risotto Maremonti

Rinde 6 porciones

Cuando vea el término maremonti en un menú en Italia, puede estar seguro de que el plato contendrá mariscos y setas, que representan el mar y las montañas. Es una combinación intrigante en este risotto.

6 tazas de caldo de verduras o agua comprado en la tienda

3 cucharadas de mantequilla sin sal

¼ taza de chalotes finamente picados

10 onzas de cremini o champiñones blancos, en rodajas finas

Sal y pimienta negra recién molida

2 tazas de arroz de grano mediano, como Arborio, Carnaroli o Vialone Nano

12 onzas de camarones pelados y desvenados, cortados en trozos de 1/2 pulgada

½ taza de Parmigiano-Reggiano recién rallado

1. En una olla grande, hierva el caldo a fuego medio, luego baje el fuego para que mantenga el caldo caliente. En una cacerola ancha y pesada, derrita 2 cucharadas de mantequilla a fuego medio. Agrega las chalotas y los champiñones. Cocine, revolviendo con frecuencia, hasta que los jugos se evaporen y los champiñones comiencen a dorarse, aproximadamente 10 minutos. Agrega sal y pimienta al gusto.

2. Agrega el arroz y cocina, revolviendo con una cuchara de madera, hasta que esté caliente, aproximadamente 2 minutos. Agrega 1/2 taza de caldo caliente y revuelve hasta que se absorba el líquido. Continúe agregando el caldo 1/2 taza a la vez, revolviendo después de cada adición. Ajusta el fuego para que el líquido hierva a fuego lento pero el arroz no se pegue a la sartén. Aproximadamente a la mitad de la cocción, agregue los camarones y sal y pimienta al gusto.

3. Use solo la cantidad de caldo necesaria hasta que el arroz esté tierno pero firme al morder y el risotto esté cremoso. Cuando creas que ya está listo, prueba algunos granos. Si no está listo, pruebe nuevamente en aproximadamente un minuto. Si el caldo se acaba antes de que el arroz esté tierno, utiliza agua caliente. El tiempo de cocción es de 18 a 20 minutos.

4. Retire la sartén para risotto del fuego. Agregue la 1 cucharada de mantequilla restante. Agrega el queso y sirve inmediatamente.

Risotto negro

Risotto a los sepie

Rinde de 4 a 6 porciones

En Venecia, la tinta de calamares o sepia tradicionalmente le da a este risotto un tono negro parecido al caviar. A la mayoría de los mariscos en los Estados Unidos se les quita la bolsa de tinta antes de comprarlos, pero puedes comprar tinta de calamar en pequeños sobres de plástico en la mayoría de las tiendas de mariscos. Los calamares y su tinta son tan sabrosos que preparo este risotto con agua en lugar de caldo para que nada interfiera con su sabor salado.

6 tazas de agua

4 cucharadas de aceite de oliva

1 cebolla mediana, finamente picada

1 diente de ajo, finamente picado

12 onzas de calamares, cortados en aros de 1/2 pulgada y tentáculos cortados por la mitad a través de la base (ver[Limpieza de calamares](Limpieza de calamares))

Sal y pimienta negra recién molida

1 taza de vino blanco seco

2 tazas de arroz de grano mediano, como Arborio, Carnaroli o Vialone Nano

1 a 2 cucharaditas de tinta de calamar o sepia (opcional)

1 a 2 cucharadas de aceite de oliva virgen extra

1. En una cacerola mediana, hierva el agua a fuego medio, luego baje el fuego para que mantenga el agua caliente.

2. Vierta 4 cucharadas de aceite en una cacerola ancha y pesada. Agrega la cebolla y cocina a fuego medio, revolviendo frecuentemente, hasta que esté tierna y dorada, aproximadamente 10 minutos. Agrega los calamares y sal y pimienta al gusto. Tapa la sartén y cocina 10 minutos. Agrega el vino y cocina 1 minuto más.

3. Agrega el arroz y cocina, revuelve con una cuchara de madera, hasta que esté caliente, aproximadamente 2 minutos. Agrega 1/2 taza de agua caliente y revuelve hasta que se absorba el líquido. Continúe agregando 1/2 taza de agua a la vez, revolviendo después de cada adición. Ajusta el fuego para que el líquido hierva a fuego lento pero el arroz no se pegue a la sartén. A mitad de cocción añadir la tinta de calamar, si se utiliza, y sal al gusto.

4. Use solo la cantidad de agua necesaria hasta que el arroz esté tierno pero firme al morder y el risotto esté cremoso. Cuando creas que ya está listo, prueba algunos granos. Si no está listo, pruebe nuevamente en aproximadamente un minuto. El tiempo de cocción es de 18 a 20 minutos.

5. Retire la sartén para risotto del fuego. Agregue el aceite hasta que se mezcle. Servir inmediatamente.

Panqueque crujiente con risotto

Risotto al Salto

Rinde de 2 a 4 porciones

Este panqueque dorado de risotto es crujiente por fuera y cremoso por dentro. En Milán, el panqueque se llama risotto al salto, que significa "risotto saltador", porque se cocina en mantequilla caliente, lo que hace que parezca que salta de la sartén. Aunque los milaneses suelen preparar la tortita con las sobras<u>Risotto al azafrán, estilo Milán</u>Utilizo todo tipo de risotto y, a veces, lo hago desde cero solo para este propósito.

Puedes servir el panqueque de muchas maneras: solo, con salsa de tomate y espolvoreado con queso, o como base para un guiso. Puedes cortarlo en gajos para acompañar una ensalada o servir como aperitivo. También puedes hacer pequeños panqueques del tamaño de un dólar de plata para aperitivos o refrigerios individuales.

2 tazas de risotto sobrante frío

1 huevo grande, batido

2 cucharadas de mantequilla sin sal

1. En un tazón mediano, mezcle el risotto y el huevo hasta que estén bien mezclados.

2. En una sartén antiadherente mediana a fuego medio, derrita 1 cucharada de mantequilla. Agrega el risotto y aplana con una cuchara. Cocine hasta que esté crujiente y dorado en el fondo, aproximadamente 5 minutos.

3. Voltee el panqueque en un plato. Derrita la mantequilla restante y deslice el panqueque nuevamente en la sartén. Aplánala bien con el dorso de la cuchara. Cocine hasta que esté dorado, de 4 a 5 minutos más.

4. Desliza el panqueque sobre un plato. Cortar en gajos y servir caliente.

EXTRA
RECETAS DE POSTRE

Granizado de mandarina

Granito de Mandarino

Rinde 4 porciones

El sur de Italia abunda en todo tipo de cítricos. Comí este granizado en Taranto en Puglia. De esta forma se puede preparar jugo de mandarina, tangelo, clementina o mandarina.

No caigas en la tentación de agregar más licor a esta mezcla, o el alcohol puede impedir que se congele.

1 taza fríaJarabe sencillo

1 taza de jugo de mandarina fresco (de aproximadamente 4 mandarinas medianas)

1 cucharadita de ralladura de mandarina recién rallada

2 cucharadas de licor de mandarina o naranja

1. Prepare el almíbar simple, si es necesario, y enfríelo. Luego, coloque un molde de metal de 13 × 9 × 2 pulgadas en el congelador.

2. En un tazón grande, mezcle el jugo, la ralladura, el almíbar y el licor hasta que estén bien mezclados. Retire la sartén fría del congelador y vierta el líquido en la sartén.

3. Coloque la sartén en el congelador durante 30 minutos o hasta que se forme un borde de cristales de hielo de 1 pulgada alrededor de los bordes. Agrega los cristales de hielo al centro de la mezcla. Regrese la sartén al congelador y continúe congelando, revolviendo cada 30 minutos, hasta que todo el líquido esté congelado, aproximadamente de 2 a 21/2 horas. Sirva inmediatamente o raspe la mezcla y colóquela en un recipiente de plástico, tápelo y guárdelo en el congelador hasta por 24 horas.

4. Retirar del congelador para que se ablande unos 15 minutos antes de servir, si es necesario.

Granizado De Vino De Fresa

Granita di Fragola al Vino

Rinde de 6 a 8 porciones

Con fresas frescas maduras, esto es delicioso, pero incluso las fresas regulares saben muy bien en este granizado.

2 pintas de fresas, enjuagadas y peladas

½ taza de azúcar o al gusto

1 taza de vino blanco seco

2 a 3 cucharadas de jugo de limón fresco

1. Coloque un molde de 13 × 9 × 2 pulgadas en el congelador para que se enfríe. Corta las fresas por la mitad o, si son grandes, en cuartos. En una cacerola grande, combine las fresas, el azúcar y el vino. Llevar a fuego lento y cocinar durante 5 minutos, revolviendo ocasionalmente, hasta que el azúcar se disuelva. Retirar del fuego y dejar enfriar. Refrigere hasta que esté frío, al menos 1 hora.

2. Vierta la mezcla en un procesador de alimentos o licuadora. Haga puré hasta que quede suave. Agrega el jugo de limón al gusto.

3. Retire la sartén fría del congelador y vierta la mezcla en la sartén. Coloque la sartén en el congelador durante 30 minutos o hasta que se forme un borde de cristales de hielo de 1 pulgada alrededor de los bordes. Agrega los cristales de hielo al centro de la mezcla. Regrese la sartén al congelador y continúe congelando, revolviendo cada 30 minutos, hasta que todo el líquido esté congelado, aproximadamente de 2 a 21/2 horas. Sirva inmediatamente o raspe la mezcla y colóquela en un recipiente de plástico, tápelo y guárdelo en el congelador hasta por 24 horas.

4. Retirar del congelador para que se ablande unos 15 minutos antes de servir, si es necesario.

Granizado de café

Granita di Caffè

Rinde 8 porciones

Caffè Tazza d'Oro, cerca del Panteón de Roma, elabora uno de los mejores cafés de la ciudad. En verano, tanto los turistas como los nativos optan por su granita di caffè, helados de café expreso, servidos con o sin una cucharada de crema recién batida. Es fácil de preparar y refrescante después de una comida de verano.

4 tazas de agua

5 cucharaditas colmadas de espresso instantáneo en polvo

2 a 4 cucharadas de azúcar

Crema batida (opcional)

1. Coloque un molde de 13 × 9 × 2 pulgadas en el congelador para que se enfríe. Lleva el agua a ebullición. Retirar del fuego. Agrega el espresso instantáneo en polvo y el azúcar al gusto. Deje enfriar un poco y luego cubra. Refrigere hasta que esté frío, aproximadamente 1 hora.

2. Retire la sartén fría del congelador y vierta el café en la sartén. Congele hasta que se forme un borde de cristales de hielo de 1 pulgada alrededor de los bordes. Agrega los cristales de hielo al centro de la mezcla. Regrese la sartén al congelador y continúe congelando, revolviendo cada 30 minutos, hasta que todo el líquido esté congelado, aproximadamente de 2 a 21/2 horas.

3. Sirva inmediatamente, cubierto con la crema, si la usa, o raspe la mezcla en un recipiente de plástico, cubra y guárdelo en el congelador hasta por 24 horas.

4. Retirar del congelador para que se ablande unos 15 minutos antes de servir, si es necesario.

Granizado de cítricos y campari

Granita di Agrumi e Campari

Rinde 6 porciones

Campari, un aperitivo de color rojo brillante, generalmente se bebe con hielo o se mezcla con refresco antes de una comida. Para este granizado se combina con jugo de cítricos. El Campari tiene un agradable toque amargo que resulta muy refrescante y el granizado tiene un bonito color rosado.

1 taza de agua

½ taza de azúcar

2 tazas de jugo de toronja recién exprimido

1 taza de jugo de naranja recién exprimido

1 cucharadita de ralladura de naranja

¾ taza de Campari

1. Coloque un molde de 13 × 9 × 2 pulgadas en el congelador para que se enfríe durante al menos 15 minutos. Combine el agua y el azúcar en una cacerola pequeña. Deje hervir a fuego medio, luego cocine, revolviendo ocasionalmente, hasta que el azúcar se

disuelva. Revuelva bien. Retirar del fuego y dejar enfriar. Enfriar el almíbar.

2. Mezcle el almíbar frío, los jugos, el Campari y la ralladura de naranja.

3. Retire la sartén fría del congelador y vierta la mezcla en la sartén. Coloque la sartén en el congelador durante 30 minutos o hasta que se forme un borde de cristales de hielo de 1 pulgada alrededor de los bordes. Agrega los cristales de hielo al centro de la mezcla. Regrese la sartén al congelador y continúe congelando, revolviendo cada 30 minutos, hasta que todo el líquido esté congelado, aproximadamente de 2 a 21/2 horas. Sirva inmediatamente o raspe la mezcla y colóquela en un recipiente de plástico, tápelo y guárdelo en el congelador hasta por 24 horas.

4. Retirar del congelador para que se ablande unos 15 minutos antes de servir, si es necesario.

Granizado de melocotón blanco y prosecco

Granita di Pesche y Prosecco

Rinde 6 porciones

Este granizado está inspirado en el Bellini, un delicioso cóctel que se hizo famoso en el Harry's Bar de Venecia. Un Bellini se elabora con jugo de melocotones blancos y prosecco, un vino blanco espumoso de la región del Véneto.

El azúcar extrafina se mezcla más fácilmente que el azúcar granulada, pero si no puedes encontrarla, usa un poco fría. Jarabe sencillo probar.

5 duraznos blancos medianos maduros, pelados y cortados en trozos

½ taza de azúcar extrafina

2 cucharadas de jugo de limón fresco o al gusto

1 taza de prosecco u otro vino blanco espumoso seco

1. Coloque un molde de 13 × 9 × 2 pulgadas en el congelador para que se enfríe durante al menos 15 minutos. En una licuadora o procesador de alimentos, combine los duraznos, el azúcar

extrafina y el jugo de limón. Licúa o procesa hasta que el azúcar se disuelva por completo. Agrega el vino.

2. Retire la sartén fría del congelador y vierta la mezcla en la sartén. Coloque la sartén en el congelador durante 30 minutos o hasta que se forme un borde de cristales de hielo de 1 pulgada alrededor de los bordes. Agrega los cristales de hielo al centro de la mezcla. Regrese la sartén al congelador y continúe congelando, revolviendo cada 30 minutos, hasta que todo el líquido esté congelado, aproximadamente de 2 a 2 1/2 horas. Sirva inmediatamente o raspe la mezcla y colóquela en un recipiente de plástico, tápelo y guárdelo en el congelador hasta por 24 horas.

3. Retirar del congelador para que se ablande unos 15 minutos antes de servir, si es necesario.

Sorbete de chocolate

Sorbeto de Cioccolato

Rinde 6 porciones

Un sorbete es un postre helado de textura suave que contiene leche o clara de huevo para darle cremosidad. Esta es mi versión del sorbete que tomé en Caffè Florian, una histórica cafetería y salón de té en la Piazza San Marco de Venecia.

½ taza de azúcar

3 onzas de chocolate agridulce, partido

1 taza de agua

1 taza de leche entera

1. En una cacerola pequeña, combine todos los ingredientes. Llevar a ebullición a fuego medio. Cocine, revolviendo constantemente con un batidor, hasta que se mezclen y queden suaves, aproximadamente 5 minutos.

2. Vierte la mezcla en un tazón mediano. Cubrir y refrigerar hasta que se enfríe.

3. Siga las instrucciones del fabricante en su congelador de helados o congélelo en moldes poco profundos hasta que esté firme pero no duro, aproximadamente 2 horas. Vierta la mezcla en el tazón de una batidora y bata hasta que quede suave. Empaque en un recipiente de plástico, tápelo y guárdelo en el congelador. Servir dentro de las 24 horas.

Granizado de limón y prosecco

Sgroppino

Rinde 4 porciones

A los venecianos les gusta terminar sus comidas con un sgroppino, un sofisticado y cremoso granizado de sorbete de limón batido con prosecco, un vino blanco espumoso seco. Hay que hacerlo en el último momento, y es un postre divertido de preparar en la mesa. Me gusta servirlo en copas de martini. Utilice un sorbete o sorbete de limón comprado en la tienda de buena calidad. No es tradicional, pero la naranja también estaría bien.

1 taza de sorbete de limón

1 taza de prosecco muy frío u otro vino espumoso seco

ramitas de menta

1. Varias horas antes de que planees servir el postre, enfría 4 copas grandes o vasos de parfait en el refrigerador.

2. Justo antes de servir, saca el sorbete del congelador. Deje reposar a temperatura ambiente hasta que esté lo suficientemente suave como para sacarlo, aproximadamente 10

minutos. Vierta el sorbete en un tazón mediano. Batir hasta que esté suave y terso.

3. Agrega lentamente el prosecco y bate brevemente con un batidor hasta que esté cremoso y suave. Vierta rápidamente el granizado en las copas de vino frías o en las copas de martini. Adorne con menta. Servir inmediatamente.

Granizado de Prosecco rosa

Sgroppino alle Fragole

Rinde 6 porciones

Si las fresas frescas de su mercado no están maduras ni fragantes, intente usar fresas congeladas para este postre fácil.

1 taza de fresas en rodajas

1 a 2 cucharadas de azúcar

1 taza de sorbete de limón

1 taza de prosecco u otro vino espumoso seco

Fresas frescas pequeñas o rodajas de limón, para decorar

1. Varias horas antes de que planees servir el postre, enfría 6 copas grandes o vasos de parfait en el refrigerador.

2. Pon las fresas y 1 cucharada de azúcar en un procesador de alimentos o licuadora. Haga puré las bayas hasta que quede suave. Gusto por la dulzura. Agregue más azúcar, si es necesario.

3. Justo antes de servir, saca el sorbete del congelador. Deje reposar a temperatura ambiente hasta que esté lo

suficientemente suave como para sacarlo, aproximadamente 10 minutos. Vierta el sorbete en un tazón mediano. Batir hasta que esté suave y terso. Incorpora el puré de fresa. Incorpora rápidamente el vino y bate hasta que la mezcla esté cremosa y suave. Vierta en los vasos fríos. Adorne con fresas o rodajas de limón y sirva inmediatamente.

Helado de "crema"

Helado de crema

Rinde de 6 a 8 porciones

Un toque de limón le da sabor a este helado ligero y de sabor fresco. Me encanta prepararlo cuando las fresas locales están en temporada y servirlas juntas.

3 tazas de leche entera

4 yemas de huevo

2/3 taza de azúcar

1 cucharadita de extracto puro de vainilla

1 cucharadita de ralladura de limón

1. En una cacerola mediana, calienta la leche a fuego medio hasta que se formen pequeñas burbujas alrededor del borde de la cacerola. No hiervas la leche. Retirar del fuego.

2. En un tazón resistente al calor, bata las yemas de huevo y el azúcar hasta que espese y esté bien mezclado. Agrega la leche

caliente, lentamente al principio, y bate constantemente hasta que se haya mezclado toda la leche. Agrega la ralladura de limón.

3. Vierta la mezcla nuevamente en la cacerola. Coloca la cacerola a fuego medio. Cocine, revolviendo constantemente con una cuchara de madera, hasta que el vapor comience a salir de la olla y la crema se espese un poco, aproximadamente 5 minutos.

4. Vierta la crema a través de un colador de malla en un bol. Agrega la vainilla. Deje que se enfríe un poco, luego cubra y refrigere hasta que esté completamente frío, aproximadamente 1 hora.

5. Congelar en una heladera según las instrucciones del fabricante. Empaque el helado en un recipiente de plástico, tápelo y congélelo hasta por 24 horas.

Helado De Limón

Helado al limon

Rinde alrededor de 3 a 4 porciones

Necesitarás dos o tres limones grandes para obtener suficiente jugo y ralladura para este sencillo y delicioso helado.

⅓ taza de jugo de limón recién exprimido

1 cucharada de ralladura de limón recién rallada

1 taza de azúcar

1 litro mitad y mitad

1. En un tazón mediano, combine el jugo de limón, la ralladura y el azúcar y revuelva bien. Dejar reposar 30 minutos.

2. Agrega la mitad y la mitad y revuelve bien. Vierte la mezcla en el recipiente de una heladera y sigue las instrucciones del fabricante para congelar.

3. Empaque el helado en un recipiente de plástico, tápelo y congélelo hasta por 24 horas.

Helado de ricota

Helado de ricota

Rinde de 6 a 8 porciones

El helado de ricotta es uno de los sabores favoritos en Giolitti, una de las excelentes heladerías romanas. Todas las noches de verano, grandes multitudes se reúnen para comprar conos llenos de sus deliciosos helados.

A la mezcla de helado se le pueden añadir un par de cucharadas de chocolate picado o pistachos. Sirve este rico helado en porciones pequeñas, rociado con un poco de licor de naranja o ron, si lo deseas.

Tanto la ralladura de naranja confitada como la cidra están disponibles en tiendas especializadas de Italia y Oriente Medio o mediante pedidos por correo.fuentes.

16 onzas de ricota fresca entera o semidescremada

½ taza de azúcar

2 cucharadas de Marsala dulce o seca

1 cucharadita de extracto puro de vainilla

½ taza de crema espesa o para batir fría

2 cucharadas de cidra picada

2 cucharadas de ralladura de naranja confitada picada

1. Al menos 20 minutos antes de que estés listo para preparar el postre, coloca un tazón grande y las varillas de una batidora eléctrica en el refrigerador. Coloque la ricota en un colador de malla fina colocado sobre un bol. Con una espátula de goma, empuje la ricota a través del colador hacia el recipiente. Agrega el azúcar, Marsala y la vainilla.

2. Saca el bol y las batidoras del frigorífico. Vierta la nata en el bol y bata la nata a velocidad alta hasta que mantenga su forma suavemente cuando se levantan las varillas, unos 4 minutos.

3. Con una espátula flexible, incorpora la crema, la cidra y la ralladura a la mezcla de ricotta. Vierta la mezcla en el recipiente de una heladera y congélela según las instrucciones del fabricante.

4. Empaque el helado en un recipiente de plástico, tápelo y congélelo hasta por 24 horas.

Pierna de Cordero Asada con Patatas, Ajo y Romero

Agnello al Forno

Rinde 6 porciones

Los italianos servirían este cordero bien cocido, pero creo que sabe mejor cuando está medio cocido, que es aproximadamente 130 °F en un termómetro de lectura instantánea. Deje reposar el cordero después de asarlo para que los jugos tengan la oportunidad de retirarse al centro de la carne.

6 papas para todo uso, peladas y cortadas en trozos de 1 pulgada

3 cucharadas de aceite de oliva

Sal y pimienta negra recién molida

1 pierna de cordero con hueso, recortada (alrededor de 5 1/2 libras)

6 dientes de ajo, finamente picados

2 cucharadas de romero fresco picado

1. Coloca una rejilla en el medio del horno. Precalienta el horno a 350°F. Coloque las patatas en una fuente para asar lo suficientemente grande como para contener la carne y las

patatas sin que se amontonen. Mezcle con el aceite y sal y pimienta al gusto.

2. Haga cortes poco profundos por todo el cordero con un cuchillo pequeño. Introducir un poco de ajo y romero en las ranuras, reservando un poco para las patatas. Espolvorea generosamente la carne con sal y pimienta. Aparta las patatas y añade la carne con la grasa hacia arriba.

3. Coloca la sartén en el horno y cocina 30 minutos. Voltear las patatas. Ase de 30 a 45 minutos más o hasta que la temperatura interna mida 130°F en un termómetro de lectura instantánea colocado en la parte más gruesa de la carne, lejos del hueso. Retire la sartén del horno y transfiera el cordero a una tabla de cortar. Cubre la carne con papel de aluminio. Deje reposar al menos 15 minutos antes de cortar.

4. Pruebe que las patatas estén cocidas perforándolas con un cuchillo afilado. Si necesitan cocinar más, suba el horno a 400 °F, regrese la sartén al horno y cocine hasta que estén tiernos.

5. Cortar el cordero en rodajas y servir caliente con las patatas.

Pierna de Cordero con Limón, Hierbas y Ajo

Agnello Steccato

Rinde 6 porciones

Albahaca, menta, ajo y limón perfuman este cordero asado. Una vez que está en el horno no hay mucho más que hacer. Es el plato perfecto para una cena pequeña o una cena de domingo. Agregue algunas papas, zanahorias, nabos u otros tubérculos a la fuente para asar, si lo desea.

1 pierna de cordero, bien cortada (alrededor de 3 libras)

2 dientes de ajo

2 cucharadas de albahaca fresca picada

1 cucharada de menta fresca picada

¼ taza de Pecorino Romano o Parmigiano-Reggiano recién rallado

1 cucharadita de ralladura de limón

½ cucharadita de orégano seco

Sal y pimienta negra recién molida

2 cucharadas de aceite de oliva

1. Coloca una rejilla en el centro del horno. Precalienta el horno a 425°F.

2. Picar muy fino el ajo, la albahaca y la menta. En un tazón pequeño, revuelve la mezcla junto con el queso, la ralladura de limón y el orégano. Agrega 1 cucharadita de sal y pimienta recién molida al gusto. Con un cuchillo pequeño, haga cortes de aproximadamente 3/4 de pulgada de profundidad en toda la carne. Rellena un poco de la mezcla de hierbas en cada hendidura. Frote el aceite por toda la carne. Ase durante 15 minutos.

3. Baje el fuego a 350 °F. Ase 1 hora más o hasta que la carne esté medio cocida y la temperatura interna alcance los 130°F en un termómetro de lectura instantánea colocado en la parte más gruesa pero sin tocar el hueso.

4. Retire el cordero del horno y transfiéralo a una tabla de cortar. Cubra el cordero con papel de aluminio y déjelo reposar 15 minutos antes de cortarlo. Servir caliente.

Calabacín Relleno De Cordero Estofado

Ripiene De Calabacín

Rinde 6 porciones

Una pierna de cordero alimenta a una multitud, pero después de una pequeña cena, a menudo me quedan sobras. Entonces es cuando hago estos ricos calabacines rellenos. Se pueden sustituir por otros tipos de carnes cocidas o incluso aves.

2 a 3 rebanadas (1/2 pulgada de grosor) de pan italiano

1/4 taza de leche

1 libra de cordero cocido

2 huevos grandes

2 cucharadas de perejil fresco picado

2 dientes de ajo, finamente picados

1/2 taza de Pecorino Romano o Parmigiano-Reggiano recién rallado

Sal y pimienta negra recién molida

6 calabacines medianos, lavados y recortados

2 tazas de salsa de tomate, como Salsa marinara

1. Coloca una rejilla en el centro del horno. Precalienta el horno a 425°F. Engrase un molde para hornear de 13 × 9 × 2 pulgadas.

2. Retire la corteza del pan y parta el pan en pedazos. (Debería tener aproximadamente 1 taza). Coloque los trozos en un tazón mediano, vierta la leche y déjelos en remojo.

3. En un procesador de alimentos pica la carne muy fina. Transfiera a un tazón grande. Agrega los huevos, el perejil, el ajo, el pan remojado, 1/4 taza de queso y sal y pimienta al gusto. Mezclar bien.

4. Corta los calabacines por la mitad a lo largo. Saque las semillas. Rellena los calabacines con la mezcla de carne. Coloca los calabacines uno al lado del otro en la sartén. Vierta la salsa y espolvoree con el queso restante.

5. Hornee de 35 a 40 minutos o hasta que el relleno esté bien cocido y los calabacines tiernos. Servir caliente oa temperatura ambiente.

Conejo al Vino Blanco y Hierbas

Coniglio al Vino Bianco

Rinde 4 porciones

Se trata de una receta básica de conejo de Liguria que se puede variar añadiendo aceitunas negras o verdes u otras hierbas. Los cocineros de esta región preparan el conejo de muchas formas diferentes, incluso con piñones, champiñones o alcachofas.

1 conejo (2 1/2 a 3 libras), cortado en 8 trozos

Sal y pimienta negra recién molida

3 cucharadas de aceite de oliva

1 cebolla pequeña, finamente picada

1/2 taza de zanahoria finamente picada

1/2 taza de apio finamente picado

1 cucharada de hojas de romero frescas picadas

1 cucharadita de tomillo fresco picado

1 hoja de laurel

½ taza de vino blanco seco

1 taza de caldo de pollo

1. Enjuague los trozos de conejo y séquelos con toallas de papel. Espolvorear con sal y pimienta.

2. En una sartén grande, calienta el aceite a fuego medio. Añade el conejo y dóralo ligeramente por todos lados, unos 15 minutos.

3. Esparza la cebolla, la zanahoria, el apio y las hierbas alrededor de los trozos de conejo y cocine hasta que la cebolla se ablande, aproximadamente 5 minutos.

4. Añade el vino y déjalo hervir a fuego lento. Cocine hasta que se evapore la mayor parte del líquido, aproximadamente 2 minutos. Agrega el caldo y déjalo hervir a fuego lento. Reduce el calor al mínimo. Cubra la sartén y cocine, volteando el conejo de vez en cuando con unas pinzas, hasta que esté tierno al pincharlo con un tenedor, aproximadamente 30 minutos.

5. Transfiera el conejo a una fuente para servir. Cubrir y mantener caliente. Aumente el fuego y hierva el contenido de la sartén hasta que se reduzca y esté almibarado, aproximadamente 2 minutos. Deseche la hoja de laurel.

6.Vierte el contenido de la sartén sobre el conejo y sirve inmediatamente.

Conejo con Aceitunas

Coniglio alla Stimperata

Rinde 4 porciones

Pimiento rojo, aceitunas verdes y alcaparras dan sabor a este plato de conejo al estilo siciliano. El término alla stimperata se aplica a varias recetas sicilianas, aunque su significado no está claro. Puede provenir de stemperare, que significa "disolver, diluir o mezclar" y se refiere a la adición de agua a la olla mientras se cocina el conejo.

1 conejo (2½ a 3 libras), cortado en 8 trozos

¼ taza de aceite de oliva

3 dientes de ajo, picados

1 taza de aceitunas verdes deshuesadas, enjuagadas y escurridas

2 pimientos rojos, cortados en tiras finas

1 cucharada de alcaparras, enjuagadas

Una pizca de orégano

Sal y pimienta negra recién molida

2 cucharadas de vinagre de vino blanco

½ taza de agua

1. Enjuague los trozos de conejo y séquelos con toallas de papel.

2. En una sartén grande, calienta el aceite a fuego medio. Añade el conejo y dora bien los trozos por todos lados, unos 15 minutos. Transfiera los trozos de conejo a un plato.

3. Agrega el ajo a la sartén y cocina 1 minuto. Agrega las aceitunas, la pimienta, las alcaparras y el orégano. Cocine, revolviendo durante 2 minutos.

4. Devuelve el conejo a la sartén. Sazone con sal y pimienta al gusto. Agrega el vinagre y el agua y deja hervir a fuego lento. Reduce el calor al mínimo. Tape y cocine, volteando el conejo de vez en cuando, hasta que esté tierno al pincharlo con un tenedor, aproximadamente 30 minutos. Agrega un poco de agua si el líquido se evapora. Transfiera a una fuente para servir y sirva caliente.

Conejo, Estilo Porchetta

Coniglio en Porchetta

Rinde 4 porciones

La combinación de condimentos que se utiliza para hacer el cerdo asado es tan deliciosa que los cocineros la han adaptado a otras carnes que son más cómodas de cocinar. En la región de las Marcas se utiliza hinojo silvestre, pero se pueden sustituir por semillas de hinojo secas.

1 conejo (2½ a 3 libras), cortado en 8 trozos

Sal y pimienta negra recién molida

2 cucharadas de aceite de oliva

2 onzas de panceta

3 dientes de ajo, finamente picados

2 cucharadas de romero fresco picado

1 cucharada de semillas de hinojo

2 o 3 hojas de salvia

1 hoja de laurel

1 taza de vino blanco seco

½ taza de agua

1. Enjuague los trozos de conejo y séquelos con toallas de papel. Espolvorear con sal y pimienta.

2. En una sartén lo suficientemente grande como para contener los trozos de conejo en una sola capa, calienta el aceite a fuego medio. Coloca los trozos en la sartén. Esparce la panceta por todos lados. Cocine hasta que el conejo se dore por un lado, unos 8 minutos.

3. Dar la vuelta al conejo y esparcir por todos lados el ajo, el romero, el hinojo, la salvia y el laurel. Cuando el conejo esté dorado por el otro lado, después de unos 7 minutos, añadir el vino y remover, raspando el fondo de la sartén. Cocine a fuego lento el vino durante 1 minuto.

4. Cocine sin tapar, volteando la carne de vez en cuando, hasta que el conejo esté muy tierno y despegado del hueso, unos 30 minutos. (Agregue un poco de agua si la sartén se seca demasiado).

5. Deseche la hoja de laurel. Transfiera el conejo a una fuente para servir y sírvalo caliente con el jugo de la sartén.

Conejo con Tomates

Coniglio alla Ciociara

Rinde 4 porciones

En la región de Ciociara, en las afueras de Roma, conocida por su deliciosa cocina, el conejo se guisa en salsa de tomate y vino blanco.

1 conejo (2 1/2 a 3 libras), cortado en 8 trozos

2 cucharadas de aceite de oliva

2 onzas de panceta, en rodajas gruesas y picada

2 cucharadas de perejil fresco picado

1 diente de ajo, ligeramente machacado

Sal y pimienta negra recién molida

1 taza de vino blanco seco

2 tazas de tomates pera pelados, sin semillas y picados

1. Enjuague los trozos de conejo y luego séquelos con toallas de papel. Calienta el aceite en una sartén grande a fuego medio. Coloca el conejo en la sartén, luego agrega la panceta, el perejil y

el ajo. Cocine hasta que el conejo esté bien dorado por todos lados, unos 15 minutos. Espolvorear con sal y pimienta.

2. Retire el ajo de la sartén y deséchelo. Agregue el vino y cocine a fuego lento durante 1 minuto.

3. Reduce el calor al mínimo. Agregue los tomates y cocine hasta que el conejo esté tierno y se desprenda del hueso, aproximadamente 30 minutos.

4. Transfiere el conejo a una fuente para servir y sírvelo caliente con la salsa.

Conejo estofado agridulce

Coniglio en Agrodolce

Rinde 4 porciones

Los sicilianos son conocidos por su gusto por lo dulce, un legado de la dominación árabe de la isla que duró al menos doscientos años. Las pasas, el azúcar y el vinagre le dan a este conejo un sabor ligeramente agridulce.

1 conejo (2½ a 3 libras), cortado en 8 trozos

2 cucharadas de aceite de oliva

2 onzas de panceta en rodajas gruesas, picada

1 cebolla mediana, finamente picada

Sal y pimienta negra recién molida

1 taza de vino blanco seco

2 dientes enteros

1 hoja de laurel

1 taza de caldo de res o pollo

1 cucharada de azúcar

¼ taza de vinagre de vino blanco

2 cucharadas de pasas

2 cucharadas de piñones

2 cucharadas de perejil fresco picado

1. Enjuague los trozos de conejo y luego séquelos con toallas de papel. En una sartén grande, calienta el aceite y la panceta a fuego medio durante 5 minutos. Agrega el conejo y cocina por un lado hasta que se dore, aproximadamente 8 minutos. Voltear los trozos de conejo con unas pinzas y esparcir la cebolla por todos lados. Espolvorear con sal y pimienta.

2. Agrega el vino, los clavos y la hoja de laurel. Lleve el líquido a fuego lento y cocine hasta que la mayor parte del vino se haya evaporado, aproximadamente 2 minutos. Agrega el caldo y tapa la cacerola. Reduzca el fuego a bajo y cocine hasta que el conejo esté tierno, de 30 a 45 minutos.

3. Transfiera los trozos de conejo a un plato. (Si queda mucho líquido, hiérvelo a fuego alto hasta que reduzca). Agrega el azúcar, el vinagre, las pasas y los piñones. Revuelva hasta que el azúcar se disuelva, aproximadamente 1 minuto.

4. Regrese el conejo a la sartén y cocine, volteando los trozos en la salsa, hasta que parezcan bien cubiertos, aproximadamente 5 minutos. Agrega el perejil y sirve caliente con el jugo de la sartén.

Conejo Asado con Patatas

Coniglio Arrosto

Rinde 4 porciones

En casa de mi amiga Dora Marzovilla, una cena dominical o una comida para una ocasión especial a menudo comienza con una variedad de vegetales tiernos y crujientes fritos, como corazones de alcachofa o espárragos, seguidos de tazones humeantes de orecchiette o cavatelli caseros mezclados con un delicioso ragú hecho con diminutos albóndigas. Dora, originaria de Rutigliano, en Apulia, es una cocinera maravillosa y este plato de conejo, que sirve como plato principal, es una de sus especialidades.

1 conejo (2 1/2 a 3 libras), cortado en 8 trozos

1/4 taza de aceite de oliva

1 cebolla mediana, finamente picada

2 cucharadas de perejil fresco picado

1/2 taza seca con vino

Sal y pimienta negra recién molida

4 papas medianas para todo uso, peladas y cortadas en trozos de 1 pulgada

½ taza de agua

½ cucharadita de orégano

1. Enjuague los trozos de conejo y séquelos con toallas de papel. En una sartén grande, calienta dos cucharadas de aceite a fuego medio. Añade el conejo, la cebolla y el perejil. Cocine, volteando los trozos de vez en cuando, hasta que estén ligeramente dorados, aproximadamente 15 minutos. Agrega el vino y cocina 5 minutos más. Espolvorear con sal y pimienta.

2. Coloca una rejilla en el centro del horno. Precalienta el horno a 425°F. Engrase una fuente para hornear lo suficientemente grande como para contener todos los ingredientes en una sola capa.

3. Esparce las patatas en la sartén y revuélvelas con las 2 cucharadas de aceite restantes. Agrega el contenido de la sartén a la sartén, metiendo los trozos de conejo alrededor de las patatas. Agrega el agua. Espolvorea con el orégano y sal y pimienta. Cubre la sartén con papel de aluminio. Asar 30 minutos. Destapa y cocina 20 minutos más o hasta que las patatas estén tiernas.

4. Transfiera a una fuente para servir. Servir caliente.

Alcachofas Marinadas

Carciofi Marinati

Rinde de 6 a 8 porciones

Estas alcachofas son excelentes en ensaladas, con embutidos o como parte de un surtido de antipasto. Las alcachofas durarán al menos dos semanas en el frigorífico.

Si no dispone de alcachofas tiernas, sustitúyalas por alcachofas medianas, cortadas en ocho gajos.

1 taza de vinagre de vino blanco

2 tazas de agua

1 hoja de laurel

1 diente de ajo entero

8 a 12 alcachofas tiernas, recortadas y cortadas en cuartos (verPara preparar alcachofas enteras)

Una pizca de pimiento rojo triturado

Sal

Aceite de oliva virgen extra

1. En una cacerola grande, combine el vinagre, el agua, la hoja de laurel y el ajo. Lleva el líquido a ebullición a fuego lento.

2. Agrega las alcachofas, el pimiento rojo triturado y sal al gusto. Cocine hasta que estén tiernos al pincharlos con un cuchillo, de 7 a 10 minutos. Retirar del fuego. Vierta el contenido de la sartén a través de un colador de malla fina en un bol. Reserva el líquido.

3. Empaque las alcachofas en frascos de vidrio esterilizados. Vierta el líquido de cocción hasta cubrir. Deja enfriar por completo. Cubra y refrigere por al menos 24 horas o hasta 2 semanas.

4. Para servir, escurre las alcachofas y revuélvelas con aceite.

Alcachofas a la romana

Carciofi a la romana

Rinde 8 porciones

Las pequeñas granjas de toda Roma producen un montón de alcachofas frescas durante las temporadas de alcachofas de primavera y otoño. Pequeños camiones los llevan a los mercados de las esquinas, donde se venden directamente en la parte trasera del camión. Las alcachofas tienen tallos largos y hojas todavía adheridas, porque los tallos, una vez pelados, son buenos para comer. Los romanos cocinan las alcachofas con el tallo hacia arriba. Se ven muy atractivos cuando se colocan en una fuente para servir.

2 dientes de ajo grandes, finamente picados

2 cucharadas de perejil fresco picado

1 cucharada de menta fresca picada o 1/2 cucharadita de mejorana seca

Sal y pimienta negra recién molida

¼ taza de aceite de oliva

8 alcachofas medianas, preparadas para relleno (verPara preparar alcachofas enteras)

½ taza de vino blanco seco

1. En un tazón pequeño, mezcle el ajo, el perejil y la menta o mejorana. Añadir sal y pimienta al gusto. Agrega 1 cucharada de aceite.

2. Extiende suavemente las hojas de las alcachofas y empuja un poco de la mezcla de ajo hacia el centro. Exprime ligeramente las alcachofas para retener el relleno y colócalas con el tallo hacia arriba en una sartén lo suficientemente grande como para mantenerlas en posición vertical. Vierte el vino alrededor de las alcachofas. Agregue agua hasta una profundidad de 3/4 de pulgada. Rocíe las alcachofas con el aceite restante.

3. Tapa la sartén y deja que el líquido hierva a fuego medio. Cocine 45 minutos o hasta que las alcachofas estén tiernas al pincharlas con un cuchillo. Servir caliente oa temperatura ambiente.

Alcachofas Estofadas

Carciofi Stufati

Rinde 8 porciones

Las alcachofas son miembros de la familia de los cardos y crecen en plantas bajas y tupidas. Se encuentran silvestres en muchos lugares del sur de Italia y mucha gente los cultiva en los jardines de sus casas. Una alcachofa es en realidad una flor sin abrir. Las alcachofas muy grandes crecen en la parte superior del arbusto, mientras que las pequeñas brotan cerca de la base. Las alcachofas pequeñas, a menudo llamadas alcachofas baby, son excelentes para estofar. Prepáralas para cocinar como lo harías con una alcachofa más grande. Su sabor y textura dulce y mantecoso son especialmente buenos con el pescado.

1 cebolla pequeña, finamente picada

¼ taza de aceite de oliva

1 diente de ajo, finamente picado

2 cucharadas de perejil fresco picado

2 libras bebealcachofas, recortado y cortado en cuartos

½ taza de agua

Sal y pimienta negra recién molida

1. En una cacerola grande, cocina la cebolla en aceite a fuego medio hasta que esté tierna, aproximadamente 10 minutos. Agrega el ajo y el perejil.

2. Coloca las alcachofas en la sartén y revuelve bien. Agrega el agua y sal y pimienta al gusto. Tapar y cocinar a fuego lento hasta que las alcachofas estén tiernas al pincharlas con un cuchillo, unos 15 minutos. Servir tibio o a temperatura ambiente.

Variación: En el Paso 2, agrega 3 papas medianas, peladas y cortadas en cubos de 1 pulgada, con la cebolla.

Alcachofas al estilo judío

Carciofi alla Giudia

Rinde 4 porciones

Los judíos llegaron por primera vez a Roma en el siglo I a. C. Se establecieron cerca del río Tíber y en 1556 fueron confinados en un gueto amurallado por el Papa Pablo IV. Muchos eran pobres y se las arreglaban con cualquier alimento sencillo y económico disponible, como bacalao salado, calabacín y alcachofas. Cuando los muros del gueto cayeron a mediados del siglo XIX, los judíos de Roma habían desarrollado su propio estilo de cocina, que más tarde se puso de moda entre otros romanos. Hoy en día, platos judíos como las flores de calabacín rellenas fritas, Ñoquis De Sémola, y estas alcachofas se consideran clásicos romanos.

El barrio judío de Roma todavía existe y hay varios buenos restaurantes donde poder degustar este estilo de cocina. En Piperno y Da Giggetto, dos trattorias favoritas, estas alcachofas fritas se sirven calientes con mucha sal. Las hojas quedan tan crujientes como patatas fritas. Las alcachofas salpican mientras se cocinan, así que aléjate de la estufa y protégete las manos.

4 medianos alcachofas, preparado como para relleno

Aceite de oliva

Sal

1. Seque las alcachofas con palmaditas. Coloca una alcachofa con la parte inferior hacia arriba sobre una superficie plana. Con la palma de la mano, presione la alcachofa para aplanarla y abrir las hojas. Repita con las alcachofas restantes. Gírelos de modo que las puntas de las hojas queden hacia arriba.

2. En una sartén grande y profunda o en una cacerola ancha y pesada, caliente aproximadamente 2 pulgadas de aceite de oliva a fuego medio hasta que una hoja de alcachofa se deslizó en el aceite chisporrotee y se dore rápidamente. Protégete la mano con un guante de cocina, ya que el aceite puede salpicar si las alcachofas están húmedas. Agrega las alcachofas con las puntas de las hojas hacia abajo. Cocine, presionando las alcachofas en el aceite con una espumadera hasta que se doren por un lado, aproximadamente 10 minutos. Con unas pinzas, voltee con cuidado las alcachofas y cocine hasta que se doren, unos 10 minutos más.

3. Escurrir sobre toallas de papel. Espolvorea con sal y sirve inmediatamente.

Guiso de verduras de primavera romana

La Vignarola

Rinde de 4 a 6 porciones

Los italianos están muy en sintonía con las estaciones, y la llegada de las primeras alcachofas de primavera indica que el invierno ha terminado y que pronto regresará el clima cálido. Para celebrarlo, los romanos comen tazones de este guiso de verduras frescas de primavera, que incluye alcachofas como plato principal.

4 onzas de panceta en rodajas, picada

¼ taza de aceite de oliva

1 cebolla mediana, picada

4 medianosalcachofas, recortado y descuartizado

1 libra de habas frescas, sin cáscara o sustituto 1 taza de habas o habas congeladas

1/2 taza Caldo de pollo

Sal y pimienta negra recién molida

1 libra de guisantes frescos, sin cáscara (aproximadamente 1 taza)

2 cucharadas de perejil fresco picado

1. En una sartén grande, cocina la panceta en aceite a fuego medio. Revuelva con frecuencia hasta que la panceta comience a dorarse, 5 minutos. Agrega la cebolla y cocina hasta que esté dorada, unos 10 minutos más.

2. Agrega las alcachofas, las habas, el caldo y sal y pimienta al gusto. Baja el fuego. Tape y cocine por 10 minutos o hasta que las alcachofas estén casi tiernas al pincharlas con un cuchillo. Agrega los guisantes y el perejil y cocina 5 minutos más. Servir caliente oa temperatura ambiente.

Corazones de alcachofa crujientes

Carciofini Fritti

Rinde de 6 a 8 porciones

En los Estados Unidos, las alcachofas se cultivan principalmente en California, donde fueron plantadas por primera vez a principios del siglo XX por inmigrantes italianos. Las variedades son diferentes a las de Italia y suelen estar muy maduras cuando se recogen, por lo que a veces son duras y leñosas. Los corazones de alcachofa congelados pueden quedar muy buenos y ahorrar mucho tiempo. A veces los uso para esta receta. Los corazones de alcachofa fritos quedan deliciosos con chuletas de cordero o como aperitivo.

12 bebealcachofas, recortados y cortados en cuartos, o 2 paquetes (10 onzas) de corazones de alcachofa congelados, ligeramente poco cocidos según las instrucciones del paquete

3 huevos grandes, batidos

Sal

2 tazas de pan rallado seco

Aceite para freír

Rodajas de limón

1. Seque las alcachofas frescas o cocidas. En un recipiente mediano poco profundo, bate los huevos con sal al gusto. Extienda el pan rallado sobre una hoja de papel encerado.

2. Coloque una rejilla para enfriar sobre una bandeja para hornear. Sumerja las alcachofas en la mezcla de huevo y luego enróllelas en las migajas. Coloque las alcachofas en la rejilla para que se sequen al menos 15 minutos antes de cocinarlas.

3. Forra una bandeja con toallas de papel. Vierta el aceite a una profundidad de 1 pulgada en una sartén grande y pesada. Calienta el aceite hasta que chisporrotee una gota de la mezcla de huevo. Agregue la cantidad suficiente de alcachofas para que quepan cómodamente en la sartén sin que se amontonen. Cocine, volteando los trozos con unas pinzas, hasta que estén dorados, aproximadamente 4 minutos. Escurrir sobre toallas de papel y mantener caliente mientras se fríen las alcachofas restantes, en tandas si es necesario.

4. Espolvorea con sal y sirve caliente con las rodajas de limón.

Alcachofas rellenas

Carciofi Ripieni

Rinde 8 porciones

Así es como mi madre siempre hacía las alcachofas: es una preparación clásica en todo el sur de Italia. Sólo queda relleno suficiente para condimentar las alcachofas y realzar su sabor. Demasiado relleno empapa y hace que las alcachofas se vuelvan pesadas, así que no aumentes la cantidad de pan rallado y, por supuesto, utiliza migas de pan de buena calidad. Las alcachofas se pueden preparar con antelación y servir a temperatura ambiente o comer calientes y recién hechas.

8 medianoalcachofas, preparado para relleno

¾ taza de pan rallado seco

¼ taza de perejil fresco picado

¼ taza de Pecorino Romano o Parmigiano-Reggiano recién rallado

1 diente de ajo, muy finamente picado

Sal y pimienta negra recién molida

Aceite de oliva

1. Con un cuchillo de chef grande, pique finamente los tallos de las alcachofas. Mezcla los tallos en un bol grande con el pan rallado, el perejil, el queso, el ajo y sal y pimienta al gusto. Agrega un poco de aceite y revuelve para humedecer las migajas uniformemente. Prueba y ajusta el sazón.

2. Separe las hojas con cuidado. Rellena ligeramente el centro de las alcachofas con la mezcla de pan rallado, añadiendo también un poco de relleno entre las hojas. No empaques el relleno.

3. Coloque las alcachofas en una olla lo suficientemente ancha como para mantenerlas en posición vertical. Agregue agua hasta una profundidad de ¾ de pulgada alrededor de las alcachofas. Rocíe las alcachofas con 3 cucharadas de aceite de oliva.

4. Tapa la olla y colócala a fuego medio. Cuando el agua hierva a fuego lento, reduzca el fuego a bajo. Cocine entre 40 y 50 minutos (dependiendo del tamaño de las alcachofas) o hasta que las bases de las alcachofas estén tiernas al perforarlas con un cuchillo y una hoja se pueda sacar fácilmente. Agregue agua tibia adicional si es necesario para evitar que se queme. Servir tibio o a temperatura ambiente.

Alcachofas Rellenas Al Estilo Siciliano

Carciofi a la Siciliana

Rinde 4 porciones

El clima cálido y seco de Sicilia es perfecto para el cultivo de alcachofas. Las plantas, que tienen hojas plateadas y dentadas, son bastante hermosas y mucha gente las usa como arbustos decorativos en los jardines de sus casas. Al final de la temporada, las alcachofas que quedan en la planta se abren por completo, exponiendo el estrangulamiento completamente maduro en el centro, que es de color púrpura y matoso.

Esta es la forma siciliana de rellenar las alcachofas, que es más compleja que laAlcachofas rellenasreceta. Servir como primer plato antes de un pescado asado o una pierna de cordero.

4 medianosalcachofas, preparado para relleno

½ taza de pan rallado

4 filetes de anchoa, finamente picados

2 cucharadas de alcaparras picadas y escurridas

2 cucharadas de piñones tostados

2 cucharadas de pasas doradas

2 cucharadas de perejil fresco picado

1 diente de ajo grande, finamente picado

Sal y pimienta negra recién molida

4 cucharadas de aceite de oliva

½ taza de vino blanco seco

Agua

1. En un tazón mediano, combine el pan rallado, las anchoas, las alcaparras, los piñones, las pasas, el perejil, el ajo y la sal y pimienta al gusto. Agrega dos cucharadas de aceite.

2. Separe las hojas con cuidado. Rellena las alcachofas sin apretar con la mezcla de pan rallado, añadiendo también un poco de relleno entre las hojas. No empaques el relleno.

3. Coloca las alcachofas en una olla lo suficientemente grande como para mantenerlas en posición vertical. Agregue agua hasta una profundidad de ¾ de pulgada alrededor de las alcachofas. Rocíe con las 2 cucharadas de aceite restantes. Vierte el vino alrededor de las alcachofas.

4. Tapa la olla y colócala a fuego medio. Cuando el agua hierva a fuego lento, reduzca el fuego a bajo. Cocine de 40 a 50 minutos (dependiendo del tamaño de las alcachofas) o hasta que las bases de las alcachofas estén tiernas al perforarlas con un cuchillo y una hoja se salga fácilmente. Agregue agua tibia adicional si es necesario para evitar que se queme. Servir tibio o a temperatura ambiente.

Espárragos "en la sartén"

Espárragos en Padella

Rinde de 4 a 6 porciones

Estos espárragos se fríen rápidamente. Agregue ajo picado o hierbas frescas, si lo desea.

3 cucharadas de aceite de oliva

1 libra de espárragos

Sal y pimienta negra recién molida

2 cucharadas de perejil fresco picado

1. Recorta la base de los espárragos en el punto donde el tallo cambia de blanco a verde. Corta los espárragos en trozos de 2 pulgadas.

2. En una sartén grande, calienta el aceite a fuego medio. Agrega los espárragos y sal y pimienta al gusto. Cocine durante 5 minutos, revolviendo con frecuencia, o hasta que los espárragos estén ligeramente dorados.

3. Tapa la sartén y cocina 2 minutos más o hasta que los espárragos estén tiernos. Agrega el perejil y sirve inmediatamente.

Espárragos con Aceite y Vinagre

Insalata di Asparagi

Rinde de 4 a 6 porciones

Tan pronto como aparecen los primeros tallos cultivados localmente en la primavera, los preparo de esta manera y como una gran cantidad para satisfacer el antojo que se ha desarrollado durante el largo invierno. Voltear los espárragos en el aderezo mientras aún estén calientes para que absorban el sabor.

1 libra de espárragos

Sal

¼ taza de aceite de oliva virgen extra

1 a 2 cucharadas de vinagre de vino tinto

Pimienta negra recién molida

1. Recorta la base de los espárragos en el punto donde el tallo cambia de blanco a verde. Hierva aproximadamente 2 pulgadas de agua en una sartén grande. Agrega los espárragos y sal al gusto. Cocine hasta que los espárragos se doblen ligeramente al levantarlos del extremo del tallo, de 4 a 8 minutos. El tiempo de

cocción dependerá del grosor de los espárragos. Retire los espárragos con unas pinzas. Escurrir sobre toallas de papel y secarlas.

2. En un plato grande y poco profundo, combine el aceite, el vinagre, una pizca de sal y una generosa cantidad de pimienta molida. Batir con un tenedor hasta que se mezclen. Agrega los espárragos y voltéalos suavemente hasta que estén cubiertos. Servir tibio o a temperatura ambiente.

Espárragos con Mantequilla de Limón

Espárragos al burro

Rinde de 4 a 6 porciones

Los espárragos cocinados de esta forma básica combinan prácticamente con todo, desde huevos hasta pescado y carne. Agregue cebollino fresco picado, perejil o albahaca a la mantequilla como variación.

1 libra de espárragos

Sal

2 cucharadas de mantequilla sin sal, derretida

1 cucharada de jugo de limón fresco

Pimienta negra recién molida

1. Recorta la base de los espárragos en el punto donde el tallo cambia de blanco a verde. Hierva aproximadamente 2 pulgadas de agua en una sartén grande. Agrega los espárragos y sal al gusto. Cocine hasta que los espárragos se doblen ligeramente al levantarlos del extremo del tallo, de 4 a 8 minutos. El tiempo de cocción dependerá del grosor de los espárragos. Retire los

espárragos con unas pinzas. Escurrirlas sobre toallas de papel y secarlas.

2. Limpia la sartén. Agrega la mantequilla y cocina a fuego medio hasta que se derrita, aproximadamente 1 minuto. Agregue el jugo de limón. Regresa los espárragos a la sartén. Espolvorea con pimienta y voltéalas suavemente para cubrirlas con la salsa. Servir inmediatamente.

Espárragos con Varias Salsas

Rinde de 4 a 6 porciones

Los espárragos hervidos son maravillosos si se sirven a temperatura ambiente con diferentes salsas. Son excelentes para una cena porque se pueden preparar con anticipación. No importa si son gruesos o finos, pero intenta conseguir espárragos que sean todos más o menos del mismo tamaño, para que se cocinen uniformemente.

Mayonesa De Aceite De Oliva, Mayonesa De Naranja, o Salsa Verde

1 libra de espárragos

Sal

1. Prepara la salsa o salsas, si es necesario. Luego, corta la base de los espárragos en el punto donde el tallo cambia de blanco a verde.

2. Hierva aproximadamente 2 pulgadas de agua en una sartén grande. Agrega los espárragos y sal al gusto. Cocine hasta que los espárragos se doblen ligeramente al levantarlos del extremo del tallo, de 4 a 8 minutos. El tiempo de cocción dependerá del grosor de los espárragos.

3.Retire los espárragos con unas pinzas. Escurrirlas sobre toallas de papel y secarlas. Sirve los espárragos a temperatura ambiente con una o más de las salsas.

Espárragos con aderezo de alcaparras y huevo

Espárragos con Caperi y Uove

Rinde de 4 a 6 porciones

En Trentino-Alto Adigio y el Véneto, los espárragos blancos gruesos son un rito de primavera. Se fríen y se hierven y se añaden a risottos, sopas y ensaladas. Un aderezo de huevo es un condimento típico, como este con jugo de limón, perejil y alcaparras.

1 libra de espárragos

Sal

¼ taza de aceite de oliva

1 cucharadita de jugo de limón fresco

Pimienta recién molida

1 huevo duro cocido, cortado en cubitos

2 cucharadas de perejil fresco picado

1 cucharada de alcaparras, enjuagadas y escurridas

1. Recorta la base de los espárragos en el punto donde el tallo cambia de blanco a verde. Hierva aproximadamente 2 pulgadas de agua en una sartén grande. Agrega los espárragos y sal al gusto. Cocine hasta que los espárragos se doblen ligeramente al levantarlos del extremo del tallo, de 4 a 8 minutos. El tiempo de cocción dependerá del grosor de los espárragos. Retire los espárragos con unas pinzas. Escurrirlas sobre toallas de papel y secarlas.

2. En un tazón pequeño, mezcle el aceite, el jugo de limón y una pizca de sal y pimienta. Agregue el huevo, el perejil y las alcaparras.

3. Coloque los espárragos en una fuente para servir y vierta sobre la salsa. Servir inmediatamente.

Espárragos con parmesano y mantequilla

Espárragos a la parmesana

Rinde de 4 a 6 porciones

A veces se les llama asparagi alla Milanese (espárragos al estilo Milán), aunque se comen en muchas regiones diferentes. Si puedes encontrar espárragos blancos, se adaptan especialmente bien a este tratamiento.

1 libra de espárragos gruesos

Sal

2 cucharadas de mantequilla sin sal

Pimienta negra recién molida

½ taza de Parmigiano-Reggiano recién rallado

1. Recorta la base de los espárragos en el punto donde el tallo cambia de blanco a verde. Hierva aproximadamente 2 pulgadas de agua en una sartén grande. Agrega los espárragos y sal al gusto. Cocine hasta que los espárragos se doblen ligeramente al levantarlos del extremo del tallo, de 4 a 8 minutos. El tiempo de cocción dependerá del grosor de los espárragos. Retire los

espárragos con unas pinzas. Escurrirlas sobre toallas de papel y secarlas.

2. Coloca una rejilla en el centro del horno. Precalienta el horno a 450°F. Unte con mantequilla una fuente para hornear grande.

3. Coloque los espárragos uno al lado del otro en la fuente para hornear, superponiéndolos ligeramente. Salpique con mantequilla y espolvoree con pimienta y queso.

4. Hornea por 15 minutos o hasta que el queso esté derretido y dorado. Servir inmediatamente.

Paquetes de espárragos y prosciutto

Fagottini de Asparagi

Rinde 4 porciones

Para un plato más sustancioso, a veces cubro cada paquete con rodajas de Fontina Valle d'Aosta, mozzarella u otro queso que se derrita bien.

1 libra de espárragos

Sal y pimienta recién molida

4 rebanadas de prosciutto italiano importado

2 cucharadas de mantequilla

¼ taza de Parmigiano-Reggiano recién rallado

1. Recorta la base de los espárragos en el punto donde el tallo cambia de blanco a verde. Hierva aproximadamente 2 pulgadas de agua en una sartén grande. Agrega los espárragos y sal al gusto. Cocine hasta que los espárragos se doblen ligeramente al levantarlos del extremo del tallo, de 4 a 8 minutos. El tiempo de cocción dependerá del grosor de los espárragos. Retire los

espárragos con unas pinzas. Escurrir sobre toallas de papel y secarlas.

2. Coloca una rejilla en el centro del horno. Precalienta el horno a 350°F. Unte con mantequilla una fuente para hornear grande.

3. Derrita la mantequilla en una sartén grande. Agrega los espárragos y espolvoréalos con sal y pimienta. Con dos espátulas, voltee los espárragos con cuidado en la mantequilla para cubrirlos bien.

4. Divida los espárragos en 4 grupos. Coloque cada grupo en el centro de una rebanada de prosciutto. Envuelva los extremos del prosciutto alrededor de los espárragos. Coloque los paquetes en la fuente para hornear. Espolvorea con el parmigiano.

5. Hornea los espárragos por 15 minutos o hasta que el queso se derrita y forme una costra. Servir caliente.

Espárragos Asados

Espárragos al horno

Rinde de 4 a 6 porciones

Al asarlos se dorarán los espárragos y se resaltará su dulzura natural. Son perfectos para asar carne. Puedes sacar la carne cocida del horno, y mientras reposa hornear los espárragos. Utilice espárragos gruesos para esta receta.

1 libra de espárragos

¼ taza de aceite de oliva

Sal

1. Coloca una rejilla en el centro del horno. Precalienta el horno a 450°F. Recorta la base de los espárragos en el punto donde el tallo cambia de blanco a verde.

2. Coloque los espárragos en una fuente para hornear lo suficientemente grande como para contenerlos en una sola capa. Rocíe con aceite y sal. Enrolla los espárragos de lado a lado para cubrirlos con el aceite.

3.Hornee de 8 a 10 minutos o hasta que los espárragos estén tiernos.

Espárragos en Zabaglione

Espárragos a la Zabaione

Rinde 6 porciones

El zabaglione es una crema de huevo esponjosa que normalmente se sirve endulzada como postre. En este caso, los huevos se baten con vino blanco y sin azúcar y se sirven sobre espárragos. Este es un primer plato elegante para una comida de primavera. Pelar los espárragos es opcional, pero garantiza que estén tiernos desde la punta hasta el tallo.

1 1/2 libras de espárragos

2 yemas de huevo grandes

1/4 taza de vino blanco seco

Pizca de sal

1 cucharada de mantequilla sin sal

1. Recorta la base de los espárragos en el punto donde el tallo cambia de blanco a verde. Para pelar los espárragos, comience por debajo de la punta y, con un pelador de hoja giratoria, retire la cáscara de color verde oscuro hasta el extremo del tallo.

2. Hierva aproximadamente 2 pulgadas de agua en una sartén grande. Agrega los espárragos y sal al gusto. Cocine hasta que los espárragos se doblen ligeramente al levantarlos del extremo del tallo, de 4 a 8 minutos. El tiempo de cocción dependerá del grosor de los espárragos. Retire los espárragos con unas pinzas. Escurrir sobre toallas de papel y secarlas.

3. Deje hervir aproximadamente una pulgada de agua a fuego lento en la mitad inferior de una cacerola o baño maría. Coloque las yemas de huevo, el vino y la sal en la parte superior del baño maría o en un recipiente resistente al calor que quepa cómodamente sobre la cacerola sin tocar el agua.

4. Batir la mezcla de huevo hasta que se mezcle, luego colocar la cacerola o tazón sobre el agua hirviendo. Batir con una batidora eléctrica de mano o con un batidor de varillas hasta que la mezcla tenga un color pálido y mantenga una forma suave cuando se levantan las batidoras, aproximadamente 5 minutos. Incorpora la mantequilla hasta que se mezcle.

5. Vierta la salsa tibia sobre los espárragos y sirva inmediatamente.

Espárragos con Taleggio y Piñones

Espárragos con Taleggio y Pinoli

Rinde de 6 a 8 porciones

No muy lejos de Peck's, la famosa gastronomia (tienda de comida gourmet) de Milán, se encuentra la Trattoria Milanese. Es un gran lugar para probar platos lombardos clásicos y sencillos, como estos espárragos cubiertos con taleggio, un queso de leche de vaca mantecoso, semiblando y aromático que se elabora localmente y es uno de los mejores quesos de Italia. Fontina o Bel Paese se pueden sustituir si taleggio no está disponible.

2 libras de espárragos

Sal

2 cucharadas de mantequilla sin sal, derretida

6 onzas de taleggio, Fontina Valle d'Aosta o Bel Paese, cortado en trozos pequeños

¼ taza de piñones picados o almendras en rodajas

1 cucharada de pan rallado

1. Coloca una rejilla en el centro del horno. Precalienta el horno a 450°F. Unte con mantequilla una fuente para hornear de 13 × 9 × 2 pulgadas.

2. Recorta la base de los espárragos en el punto donde el tallo cambia de blanco a verde. Para pelar los espárragos, comience por debajo de la punta y, con un pelador de hoja giratoria, retire la cáscara de color verde oscuro hasta el extremo del tallo.

3. Hierva aproximadamente 2 pulgadas de agua en una sartén grande. Agrega los espárragos y sal al gusto. Cocine hasta que los espárragos se doblen ligeramente al levantarlos por el extremo del tallo, de 4 a 8 minutos. El tiempo de cocción dependerá del grosor de los espárragos. Retire los espárragos con unas pinzas. Escurrirlas sobre toallas de papel y secarlas.

4. Coloca los espárragos en la fuente para horno. Rocíe con la mantequilla. Esparce el queso sobre los espárragos. Espolvorea con las nueces y el pan rallado.

5. Hornee hasta que el queso se derrita y las nueces se doren, aproximadamente 15 minutos. Servir caliente.

Timbales de espárragos

Sformatini di Asparagi

Rinde 6 porciones

Las natillas suaves y sedosas como estas son una preparación pasada de moda, pero que sigue siendo popular en muchos restaurantes italianos, esencialmente porque son muy deliciosas. De esta forma se puede preparar prácticamente cualquier verdura, y estos pequeños moldes sirven como guarnición, primer plato o plato principal vegetariano. Los sformatini, literalmente "pequeñas cosas sin moldear", se pueden servir solos, cubiertos con salsa de tomate o queso, o rodeados de vegetales salteados con mantequilla.

1 taza Salsa bechamel

1 1/2 libras de espárragos, recortados

3 huevos grandes

1/4 taza de Parmigiano-Reggiano recién rallado

Sal y pimienta negra recién molida

1. Preparar la bechamel, si es necesario. Hierva aproximadamente 2 pulgadas de agua en una sartén grande. Agrega los espárragos y sal al gusto. Cocine hasta que los espárragos se doblen ligeramente al levantarlos por el extremo del tallo, de 4 a 8 minutos. El tiempo de cocción dependerá del grosor de los espárragos. Retire los espárragos con unas pinzas. Escurrirlas sobre toallas de papel y secarlas. Corta y reserva 6 de las puntas.

2. Coloque los espárragos en un procesador de alimentos y procese hasta que quede suave. Incorpora los huevos, la bechamel, el queso, 1 cucharadita de sal y pimienta al gusto.

3. Coloca una rejilla en el centro del horno. Precalienta el horno a 350°F. Unte generosamente con mantequilla seis moldes de 6 onzas o tazas de natillas. Vierta la mezcla de espárragos en las tazas. Coloque las tazas en una fuente para hornear grande y vierta agua hirviendo en la sartén hasta llegar a la mitad de los lados de las tazas.

4. Hornea de 50 a 60 minutos o hasta que al insertar un cuchillo en el centro éste salga limpio. Retire los moldes de la sartén y pase un cuchillo pequeño por el borde. Invierta los moldes en platos para servir. Cubra con las puntas de espárragos reservadas y sirva caliente.

Frijoles Campestres

Fagioli alla Paesana

Rinde aproximadamente 6 tazas de frijoles, porciones de 10 a 12

Este es un método de cocción básico para todo tipo de frijoles. Los frijoles remojados pueden fermentar si se dejan a temperatura ambiente, así que los coloco en el refrigerador. Una vez cocidos, sírvelos tal cual con un chorrito de aceite de oliva virgen extra, o añádelos a sopas o ensaladas.

1 libra de arándanos, cannellini u otros frijoles secos

1 zanahoria, recortada

1 costilla de apio con hojas

1 cebolla

2 dientes de ajo

2 cucharadas de aceite de oliva

Sal

1. Enjuague los frijoles y recójalos para quitar los frijoles rotos o las piedras pequeñas.

2. Coloque los frijoles en un tazón grande con agua fría para cubrirlos 2 pulgadas. Refrigere de 4 horas a toda la noche.

3. Escurre los frijoles y colócalos en una olla grande con agua fría hasta cubrirlos 1 pulgada. Lleva el agua a ebullición a fuego medio. Reduce el fuego al mínimo y retira la espuma que sube a la superficie. Cuando la espuma deje de subir añadir las verduras y el aceite de oliva.

4. Tape la olla y cocine a fuego lento de 1 1/2 a 2 horas, agregando más agua si es necesario, hasta que los frijoles estén muy tiernos y cremosos. Agrega sal al gusto y deja reposar unos 10 minutos. Deseche las verduras. Servir caliente oa temperatura ambiente.

Frijoles Toscanos

Fagioli Stufati

Rinde 6 porciones

Los toscanos son los maestros de la cocina con legumbres. Se cuecen lentamente las legumbres secas con hierbas en un líquido apenas burbujeante. Una cocción lenta y prolongada produce frijoles tiernos y cremosos que mantienen su forma mientras se cocinan.

Siempre pruebe varios frijoles para determinar si están cocidos, porque no todos se cocinarán al mismo tiempo. Dejo los frijoles reposar un rato en la estufa apagada después de cocinarlos para asegurarme de que estén cocidos de manera uniforme. Están buenos cuando están tibios y se recalientan perfectamente.

Los frijoles son buenos como guarnición o en sopas, o pruébalos sobre pan italiano tostado caliente, untado con ajo y rociado con aceite.

8 onzas de cannellini, arándanos u otros frijoles secos

1 diente de ajo grande, ligeramente machacado

6 hojas frescas de salvia, o una ramita pequeña de romero, o 3 ramitas de tomillo fresco

Sal

Aceite de oliva virgen extra

Pimienta negra recién molida

1. Enjuague los frijoles y recójalos para quitar los frijoles rotos o las piedras pequeñas. Coloque los frijoles en un tazón grande con agua fría para cubrirlos 2 pulgadas. Refrigere de 4 horas a toda la noche.

2. Precalienta el horno a 300°F. Escurre los frijoles y colócalos en una olla u otra olla profunda y pesada con tapa hermética. Agregue agua dulce para cubrir 1 pulgada. Agrega el ajo y la salvia. Llevar a ebullición a fuego lento.

3. Tapa la olla y colócala en la rejilla central del horno. Cocine hasta que los frijoles estén muy tiernos, aproximadamente 1 hora y 15 minutos o más, según el tipo y la edad de los frijoles. Verifique de vez en cuando para ver si se necesita más agua para mantener los frijoles cubiertos. Algunos frijoles pueden requerir 30 minutos más de cocción.

4. Prueba los frijoles. Cuando estén completamente tiernas, añade sal al gusto. Deja reposar los frijoles durante 10 minutos. Servir caliente con un chorrito de aceite de oliva y una pizca de pimienta negra.

Ensalada De Frijoles

Insalata di Fagioli

Rinde 4 porciones

Aderezar los frijoles mientras están calientes les ayuda a absorber los sabores.

2 cucharadas de aceite de oliva virgen extra

2 cucharadas de jugo de limón fresco

Sal y pimienta negra recién molida

2 tazas de frijoles cocidos o enlatados calientes, como cannellini o frijoles arándanos

1 pimiento amarillo pequeño, cortado en cubitos

1 taza de tomates cherry, cortados por la mitad o en cuartos

2 cebollas verdes, cortadas en trozos de 1/2 pulgada

1 manojo de rúcula, recortada

1. En un tazón mediano, mezcle el aceite, el jugo de limón y la sal y pimienta al gusto. Escurre los frijoles y agrégalos al aderezo. Revuelva bien. Dejar reposar 30 minutos.

2. Agregue el pimiento, los tomates y la cebolla y mezcle. Pruebe y ajuste la sazón.

3. Coloca la rúcula en un plato y cubre con la ensalada. Servir inmediatamente.

Frijoles y repollo

Fagioli y Cavolo

Rinde 6 porciones

Sirva esto como primer plato en lugar de pasta o sopa, o como guarnición con cerdo asado o pollo.

2 onzas de panceta (4 rebanadas gruesas), cortada en tiras de 1/2 pulgada

2 cucharadas de aceite de oliva

1 cebolla pequeña, picada

2 dientes de ajo grandes

1/4 cucharadita de pimiento rojo triturado

4 tazas de repollo rallado

1 taza de tomates frescos o enlatados picados

Sal

3 tazas de cannellini o frijoles arándanos cocidos o enlatados escurridos

1. En una sartén grande, cocina la panceta en aceite de oliva durante 5 minutos. Agregue la cebolla, el ajo y el pimiento

picante y cocine hasta que la cebolla se ablande, aproximadamente 10 minutos.

2. Agrega el repollo, los tomates y sal al gusto. Reduce el fuego a bajo y tapa la sartén. Cocine 20 minutos o hasta que el repollo esté tierno. Agrega los frijoles y cocina 5 minutos más. Servir caliente.

Frijoles En Salsa De Tomate Y Salvia

Fagioli all'Uccelletto

Rinde 8 porciones

Estos frijoles toscanos se cocinan a la manera de los pajaritos, con salvia y tomate, de ahí su nombre italiano.

1 libra de cannellini secos o frijoles Great Northern, enjuagados y recogidos

Sal

2 ramitas de salvia fresca

3 dientes de ajo grandes

¼ taza de aceite de oliva

3 tomates grandes, pelados, sin semillas y picados, o 2 tazas de tomates enlatados

1. Coloque los frijoles en un tazón grande con agua fría para cubrirlos 2 pulgadas. Colóquelos en el refrigerador para que se remojen durante 4 horas hasta toda la noche.

2. Escurre los frijoles y colócalos en una olla grande con agua fría hasta cubrirlos 1 pulgada. Lleva el líquido a ebullición a fuego

lento. Tape y cocine hasta que los frijoles estén tiernos, de 11/2 a 2 horas. Agrega sal al gusto y deja reposar 10 minutos.

3. En una cacerola grande, cocine la salvia y el ajo en aceite a fuego medio, aplanando el ajo con el dorso de una cuchara, hasta que esté dorado, aproximadamente 5 minutos. Agrega los tomates.

4. Escurrir los frijoles reservando el líquido. Agrega los frijoles a la salsa. Cocine durante 10 minutos, agregando un poco del líquido reservado si los frijoles se secan. Servir tibio o a temperatura ambiente.

Guiso de garbanzos

Ceci en Zimino

Rinde de 4 a 6 porciones

Este abundante guiso es bueno por sí solo, o puedes agregar un poco de pasta pequeña cocida o arroz y agua o caldo para convertirlo en una sopa.

1 cebolla mediana, picada

1 diente de ajo, finamente picado

4 cucharadas de aceite de oliva

1 libra de acelgas o espinacas, cortadas y picadas

Sal y pimienta negra recién molida

3 1/2 tazas de garbanzos cocidos o enlatados escurridos

Aceite de oliva virgen extra

1. En una cacerola mediana, cocina la cebolla y el ajo en el aceite a fuego medio hasta que estén dorados, 10 minutos. Agrega las acelgas y sal al gusto. Tapar y cocinar 15 minutos.

2. Agrega los garbanzos con un poco de su líquido de cocción o agua y salpimenta al gusto. Tapar y cocinar 30 minutos más. Remueve de vez en cuando y machaca algunos garbanzos con el dorso de una cuchara. Agrega un poco más de líquido si la mezcla se vuelve demasiado seca.

3. Deje que se enfríe un poco antes de servir. Rociar con un poco de aceite de oliva virgen extra si se desea

Habas con verduras amargas

Favorito y Cicoria

Rinde de 4 a 6 porciones

Las habas secas tienen un sabor terroso y ligeramente amargo. A la hora de comprarlos busca la variedad pelada. Son un poco más caras, pero valen la pena para evitar las pieles duras. También se cocinan más rápido que las favas con piel. Puedes encontrar habas peladas y secas en los mercados étnicos y en los especializados en alimentos naturales.

Esta receta es originaria de Puglia, donde es prácticamente el plato nacional. Se puede utilizar cualquier tipo de verdura amarga, como achicoria, brócoli rabe, hojas de nabo o diente de león. Me gusta agregar una pizca de pimiento rojo triturado a las verduras mientras se cocinan, pero eso no es tradicional.

8 onzas de habas secas peladas, enjuagadas y escurridas

1 papa hirviendo a fuego medio, pelada y cortada en trozos de 1 pulgada

Sal

1 libra de hojas de achicoria o diente de león, recortadas

¼ taza de aceite de oliva virgen extra

1 diente de ajo, finamente picado

Una pizca de pimiento rojo triturado

1. Coloca los frijoles y la papa en una olla grande. Agregue agua fría hasta cubrir 1/2 pulgada. Llevar a fuego lento y cocinar hasta que los frijoles estén muy suaves y se deshagan y se absorba toda el agua.

2. Agrega sal al gusto. Triture los frijoles con el dorso de una cuchara o con un machacador de patatas. Agrega el aceite.

3. Traiga una olla grande con agua a hervir. Agrega las verduras y la sal al gusto. Cocine hasta que estén tiernos, según la variedad de verduras, de 5 a 10 minutos. Escurrir bien.

4. Seca la olla. Agrega el aceite, el ajo y el pimiento rojo triturado. Cocine a fuego medio hasta que el ajo esté dorado, aproximadamente 2 minutos. Agrega las verduras escurridas y sal al gusto. Mezcle bien.

5. Extienda el puré de frijoles en una fuente para servir. Apila las verduras encima. Rocíe con más aceite si lo desea. Servir caliente o tibio.

Habas frescas, estilo romano

Favorito de la Romana

Rinde 4 porciones

Las habas frescas en sus vainas son una verdura de primavera importante en todo el centro y sur de Italia. A los romanos les gusta sacarlos de la cáscara y comerlos crudos como acompañamiento del queso pecorino tierno. Las alubias también se guisan con otras verduras de primavera como guisantes y alcachofas.

Si las habas son muy tiernas y tiernas, no es necesario pelar la fina piel que recubre cada haba. Prueba a comer uno con piel y otro sin ella para decidir si están tiernos.

El sabor y la textura de las habas frescas es completamente diferente al de las habas secas, así que no sustituyas una por otra. Si no puede encontrar favas frescas, busque los frijoles congelados que se venden en muchos mercados de Italia y Medio Oriente. Las habas frescas o congeladas también funcionan bien en este plato.

1 cebolla pequeña, finamente picada

4 onzas de panceta, cortada en cubitos

2 cucharadas de aceite de oliva

4 libras de habas frescas, sin cáscara (aproximadamente 3 tazas)

Sal y pimienta negra recién molida

¼ taza de agua

1. En una sartén mediana, cocina la cebolla y la panceta en el aceite de oliva a fuego medio durante 10 minutos o hasta que estén doradas.

2. Agregue las habas y sal y pimienta al gusto. Agrega el agua y baja el fuego. Tapa la sartén y cocina 5 minutos o hasta que los frijoles estén casi tiernos.

3. Destape la sartén y cocine hasta que los frijoles y la panceta estén ligeramente dorados, aproximadamente 5 minutos. Servir caliente.

Habas frescas al estilo de Umbría

scafata

Rinde 6 porciones

Las vainas de las habas deben estar firmes y crujientes, no arrugadas ni blandas, lo que indica que son demasiado viejas. Cuanto más pequeña sea la vaina, más tiernos serán los frijoles. Calcula aproximadamente 1 libra de habas frescas en la vaina por 1 taza de habas sin cáscara.

2½ libras de habas frescas, sin cáscara o 2 tazas de habas congeladas

1 libra de acelgas, recortadas y cortadas en tiras de ½ pulgada

1 cebolla, picada

1 zanahoria mediana, picada

1 costilla de apio, picada

¼ taza de aceite de oliva

1 cucharadita de sal

Pimienta negra recién molida

1 tomate maduro mediano, pelado, sin semillas y picado

1. En una cacerola mediana, mezcle todos los ingredientes excepto el tomate. Tape y cocine a fuego lento, revolviendo ocasionalmente, durante 15 minutos o hasta que los frijoles estén tiernos. Añade un poco de agua si las verduras empiezan a pegarse.

2. Agrega el tomate y cocina descubierto durante 5 minutos. Servir caliente.

www.ingramcontent.com/pod-product-compliance
Lightning Source LLC
Chambersburg PA
CBHW071829110526
44591CB00011B/1277